Ciao

ROM!

Nachhaltigkeit liegt uns am Herzen
Unsere Verpflichtung zum Umweltschutz und zur Nachhaltigkeit ist ein zentrales Anliegen bei der Herstellung unserer Bücher. Aus diesem Grund setzen wir auf ressourcenschonende Herstellungsverfahren, zu denen dünnere Papierarten und nachhaltige Druckmethoden mit reduziertem Farbeinsatz gehören. Wir setzen uns fortlaufend dafür ein, weitere Möglichkeiten zur Schonung von Ressourcen zu identifizieren und umzusetzen.

ECO FRIENDLY

INHALT

Erlebnis-
übersicht
auf Seite 4

ROM AUF EINEN BLICK

BESTENS VORBEREITET

DIE SCHÖNSTEN STADTVIERTEL AUF EINEN BLICK

WAS IST DAS BESONDERE AN DIESEM REISEFÜHRER?

Verlässliche Orientierungshilfe

Wie lange benötige ich für das Erlebnis? Wann muss ich mit Warteschlangen rechnen? Welche Erlebnisse lassen sich miteinander kombinieren? Jedes Erlebnis ist entsprechend gekennzeichnet, damit Sie treffsicher planen können und dadurch Hektik im Urlaub vermeiden.

Abwechslungsreiche und besondere Erlebnisse

Ihnen stehen fünf abwechslungsreiche Kapitel bereit. Ob Sie ein Sehenswürdigkeiten-Jäger, Kulinarik-Enthusiast, Stadtflaneur, Kulturfan oder ein Mix aus allem sind – dadurch finden Sie etwas für jeden Geschmack und jede Wetterlage! Dabei haben wir bewusst auf Klasse statt Masse gesetzt. Statt endlosen Adressenlisten, erhalten Sie eine verdauliche Anzahl an sorgfältig ausgewählte Erlebnissen. Eine Übersicht von allen 40 ausgewählten Erlebnissen finden Sie auf der nächsten Seite.

Praktischer digitaler Begleiter

Wie kommen Sie am schnellsten von A nach B? Wir stellen Ihnen eine digital Karte zur Verfügung. Als ständigen Begleiter können Sie diese jederzeit, kostenfrei und bequem über Ihr Smartphone oder Tablet abrufen und haben alle Erlebnisse auf einen Blick immer dabei. Dazu einfach den QR Code scannen. Wechseln Sie dazu zur Fotokamera auf Ihrem Smartphone und erfassen Sie den QR-Code. Anschließend erscheint ein Link auf Ihrem Bildschirm, mit einem Klick darauf gelangen Sie direkt zur Karte.

SCAN ME

DIE ERLEBNISSE IM ÜBERBLICK

GIRO DI ROMA - DIE SCHÄTZE UND SEHENSWÜRDIGKEITEN VON ROM HAUTNAH ERLEBEN

DOLCE VITA - EINTAUCHEN IN DAS FASZINIERENDE TREIBEN UND DIE STADT WIE EIN RÖMER ERLEBEN

PIZZA, PASTA E VINO - DIE KÜCHE ROMS MIT ALLEN SINNEN ERLEBEN UND GENIESSEN

DOLCE FARE NIENTE - DIE KUNST DES NICHTSTUNS IN DEN IDYLLISCHEN PARKS VON ROM ZELEBRIEREN

LEONARDO DA VINCI & CO - EINE KÜNSTLERISCHE REISE DURCH ROM

Rom auf einen Blick

Rom, die „Ewige Stadt“, ist ein lebendiges Kaleidoskop aus Geschichte, Kultur und kulinarischem Genuss. Das Eintauchen in die Hauptstadt Italiens gleicht einer Reise durch die Zeit, bei der alte Ruinen neben belebten Straßen und prächtigen Barockkirchen existieren.

Historisches Wunderland

Rom birgt ein beeindruckendes Erbe von über 2.500 Jahren Geschichte. Von den Ruinen des antiken Roms, darunter das Kolosseum, das Forum Romanum und das Pantheon, bis zu den barocken Prachtbauten und den Vatikanischen Museen, gibt es in Rom kaum einen Ort, der nicht von historischer Bedeutung ist.

Verwinkelte Gassen und Romantik

Das Trastevere-Viertel begeistert durch kopfsteingepflasterte Straßen, wo sich farbenfrohe Häuser und versteckte Plätze verbergen. In dieser romantischen Umgebung kommt das wahre Dolce Vita Gefühl auf.

Papststadt

Der Vatikan, der kleinste unabhängige Staat der Welt, liegt mitten in Rom. Erkunden Sie den beeindruckenden Petersdom und die atemberaubenden Vatikanischen Museen, in denen Sie Meisterwerke wie die Sixtinische Kapelle bewundern können.

Göttliche Küche

Die römische Küche ist eine Hommage an die Freude am Essen. Genießen Sie frische Pasta, knusprige Pizza und das unvergleichliche Gelato. In den lokalen Trattorien können Sie sich wie ein Einheimischer fühlen und den Aromen der Stadt nachspüren.

La Dolce Vita

Lassen Sie sich vom süßen Leben Roms inspirieren. Verweilen Sie in den Piazza-Cafés und genießen Sie ein Glas Wein oder einen Espresso. Das Beobachten der Menschen und das Plaudern mit Einheimischen sind Teile des Reichtums dieser Stadt.

Magische Abende

Wenn die Sonne untergeht, erwacht Rom zum Leben. Flanieren Sie am Tiberufer entlang und genießen Sie die Brise und die Brückenausblicke. Oder besuchen Sie das antike Rom bei Nacht, wenn die Ruinen in einem sanften Glanz erstrahlen.

Rom ist mehr als nur eine Stadt; sie ist eine Erfahrung, die Ihre Sinne belebt und Ihre Seele berührt. Jeder Schritt durch die Jahrtausende alte Geschichte führt zu einem unvergesslichen Abenteuer. Lassen Sie sich von Rom verzaubern und nehmen Sie Erinnerungen mit, die ein Leben lang halten werden.

Die Geschichte Roms

Die Geschichte Roms ist eine epische Reise durch Jahrhunderte, die die Entwicklung eines kleinen Stadtstaates zur Hauptstadt eines Weltreichs und schließlich zur modernen Hauptstadt Italiens verfolgt. Hier sind einige der wichtigsten Ereignisse in der Geschichte Roms.

Die Ursprünge

Die Stadt Rom, einst das Zentrum des mächtigen Römischen Reichs, soll laut Legende im Jahr 753 v. Chr. von den Zwillingen Romulus und Remus gegründet worden sein. Die Geschichte erzählt von ihrer Aussetzung am Tiber, ihrer Pflege durch eine Wölfin und ihrem späteren Entschluss, auf dem Palatinhügel eine Stadt zu gründen. Im Jahr 753 v. Chr. entstand so die Stadt Rom.

Die Römische Republik

Nach einer Periode unter etruskischer Herrschaft wurde Rom etwa um 500 v. Chr. zur römischen Republik, die von Auseinandersetzungen zwischen den Patriziern (Adel) und Plebejern (einfachen Bürgern) geprägt war. Nach mehr als zwei Jahrhunderten der Konflikte erreichten die Plebejer teilweise ihre Ziele, darunter Landbesitz und Mitspracherecht.

Ausdehnung der Macht

Rom entwickelte sich in den folgenden Jahrhunderten von einem Stadtstaat zu einem Weltreich durch Eroberungen und Bündnisse. Zwischen 500 und 250 v. Chr. erlangte Rom die Vorherrschaft in Mittel- und Süditalien, gefolgt von einem Streben nach dominierender Position im Mittelmeerraum zwischen 264 und 133 v. Chr. Durch die Punischen Kriege besiegte Rom schließlich Karthago, seine wichtigste Konkurrentin.

Die Römische Kaiserzeit

Ab 60 v. Chr. prägte das 1. Triumvirat die Politik Roms, gefolgt von Caesar, der durch Eroberungen und politische Machtkämpfe zum Alleinherrscher wurde. Nach Caesars Ermordung im Jahr

44 v. Chr. bildete sich das 2. Triumvirat. Octavian, der spätere Kaiser Augustus, gewann die Kontrolle und etablierte das Prinzipat, eine Form der Alleinherrschaft, die äußerlich die Republik beibehielt.

Der Niedergang

Innere Probleme und äußere Bedrohungen führten zu einem schleichenden Zerfall des Römischen Reichs ab dem 3. Jahrhundert n. Chr. Invasoren wie die Parther, Germanen und Hunnen beschleunigten diesen Prozess. Das Römische Reich wurde 395 n. Chr. in West- und Oströmische Reiche geteilt.

Rom erlebte Plünderungen durch die Westgoten und Vandalen, und 476 n. Chr. setzte Odoaker den letzten weströmischen Kaiser ab.

Das moderne Rom

Rom blieb im 20. Jahrhundert ein Zentrum des politischen und kulturellen Lebens Italiens. Es wurde zur Hauptstadt der Italienischen Republik, die nach dem Zweiten Weltkrieg gegründet wurde.

Die Geschichte Roms ist ein faszinierendes Mosaik aus Eroberungen, Innovationen, Kunst und Kultur. Die Stadt hat einen unauslöschlichen Einfluss auf die Weltgeschichte hinterlassen und bleibt ein lebendiges Zentrum für Geschichte und Moderne.

Wie ticken die Römer?

Rom ist eine kosmopolitische Großstadt, in der knapp 3 Millionen Menschen leben. Natürlich sind hier nicht alle Menschen gleich, dennoch verbinden viele Römer diese Eigenschaften

Entspannt
Die Römer wissen, wie man das Leben genießt und sich entspannt. Die Siesta, eine Mittagspause, um sich auszuruhen, ist in vielen Bereichen Roms immer noch üblich.

Genießer
Die italienische Küche ist weltberühmt, und die Römer schätzen gutes Essen und guten Wein. Mahlzeiten sind oft Gelegenheiten zum Genießen von Gesprächen und Geselligkeit.

Gesellig
Römer sind bekannt für ihre offene und gesellige Natur. Die Stadt bietet zahlreiche Gelegenheiten zum Treffen von Freunden in Bars, Cafés und Restaurants. Geselligkeit ist ein wichtiger Teil des römischen Lebensstils.

Familienmenschen

Die Familie hat einen hohen Stellenwert in der römischen Kultur. Es ist üblich, dass mehrere Generationen zusammenleben und sich regelmäßig treffen.

Kommunikativ

Die italienische Gestik und Mimik sind oft sehr ausdrucksstark, und Römer sind dafür bekannt, lebhaft und mit Leidenschaft zu sprechen.

Rasant

Der Verkehr in Rom kann chaotisch sein, und die Römer sind oft als gewagte Fahrer bekannt. Das Hupen ist ein üblicher Teil des römischen Straßenverkehrs.

Traditionell

Trotz der modernen Entwicklungen und des internationalen Einflusses schätzen viele Römer immer noch traditionelle Werte und Bräuche.

Modisch

Römer legen Wert auf ihr äußeres Erscheinungsbild und sind oft modebewusst. Sie kleiden sich in der Regel stilvoll und achten auf Trends.

Katholisch

Die Mehrheit der Römer ist katholisch, und die Religion spielt immer noch eine wichtige Rolle im Alltag vieler Menschen. Es gibt viele religiöse Feste und Feierlichkeiten in der Stadt.

Zahlen Daten Fakten

Wurde einer Legende nach am **21. April 753 vor Christus von Romulus gegründet**.

Italiens Hauptstadt, die größte Stadt des Landes, mit einer Gesamtfläche von **1.285 km²** ist Rom ungefähr um die Hälfte größer als Berlin.

2.8 MIO EINWOHNER

15 STADTTEILE

4 BEZIRKE

Rom zählt mit der Altstadt, der Vatikanstadt und dem Petersdom **seit 1980** zum **Weltkulturerbe.**

100 KIRCHEN

30 TIBERBRÜCKEN

Rom liegt in der Mitte von Italiens **Region Latium**, oberhalb an der Mündung des ‚weißen Flusses' Tiber.

Rom bekam ihren Beinamen, die **Ewige Stadt**, durch den Gott Jupiter. Er soll Roms Ewigkeit prophezeit haben und „dass es die Kunst der Römer sei, die Welt zu regieren, den Völkern Friedensgesetze zu geben, Besiegte zu schonen und Stolze zu beugen".

Feiertage & Veranstaltungen

* Museen sind geschlossen
** Vatikanische Museen sind geschlossen

1. Januar	Neujahr*
6. Januar	Epiphanie**
19. März	Heiliger Josef – Vatertag**
März / April	Osterfeiertage
21. April	Tag der Gründung Roms
25. April	Befreiung vom Faschismus
1. Mai	Tag der Arbeit*
2. Juni	Tag der Republik
29. Juni	Peter und Paul Feiertag
15. August	Maria Himmelfahrt / Ferragosto**
1. November	Allerheiligen**
4. November	Fest der nationalen Einheit und der Streitkräfte – kein Feiertag.
8. Dezember	Maria Empfämgnis
25./26. Dez	Weihnachten*

Bestens vorbereitet

Mit diesen Tipps können Sie sich optimal für Ihre Reise nach Rom vorbereiten

Die empfohlenen Reisezeiten

Die beste Reisezeit hängt von Ihren persönlichen Vorlieben und Interessen ab, hier sind einige Empfehlungen für verschiedene Jahreszeiten.

Sommer (Juni bis August): Der Sommer in Rom kann sehr heiß und trocken sein, mit Temperaturen über 30 Grad Celsius. Wenn Ihnen hohe Temperaturen nichts ausmachen, ist der Sommer eine gute Zeit für Sommerfeste und Open-Air-Veranstaltungen. Allerdings fahren die Italiener im August in der Regel selbst in den Urlaub, sodass viele Restaurants und Geschäfte den kompletten Monat geschlossen sind.

UNSER TIPP

Frühling (März bis Mai)
Der Frühling ist eine der beliebtesten Zeiten, um Rom zu besuchen. Das Wetter ist mild und angenehm, mit durchschnittlichen Temperaturen zwischen 15 und 25 Grad Celsius. Die Stadt blüht auf, und die Parks und Gärten sind in voller Pracht. Das Frühjahr ist ideal für Sightseeing und Outdoor-Aktivitäten, und Sie vermeiden Hitze des Sommers. Aber Achtung: rund um Ostern ist die Stadt besonders voll, da viele Christen zum Vatikan pilgern.

Herbst (September bis November)
Der Herbst ist eine weitere großartige Reisezeit für Rom. Das Wetter ist immer noch angenehm warm, mit Temperaturen zwischen 18 und 28 Grad Celsius. Die Menschenmassen beginnen abzunehmen, und die Stadt ist weniger überlaufen. Dies ist eine gute Zeit, um die Sehenswürdigkeiten zu besichtigen und die römische Küche zu genießen.

Winter (Dezember-Februar): Der Winter in Rom ist mild, aber es kann kühl und regnerisch sein, insbesondere im Januar und Februar. Hier wehen oftmals kalte Winde und viele Geschäfte und Restaurants sind im Januar geschlossen. Die Temperaturen liegen normalerweise zwischen 6 und 15 Grad Celsius. Allerdings ist die Weihnachtszeit in Rom magisch, mit festlicher Dekoration und Veranstaltungen. Wenn Sie Menschenmassen vermeiden und die Stadt in einer ruhigeren Atmosphäre erleben möchten, ist der Winter eine gute Option.

Die wichtigsten Reisedokumente

Als deutscher Staatsbürger benötigen Sie für die Einreise nach Italien, einen gültigen Reisepass oder Personalausweis.

Planung & Reservierungen

Einige der Sehenswürdigkeiten und Restaurants sind sehr schnell ausgebucht. Daher empfehlen wir schon vorab Tickets oder einen Tisch zu reservieren. Achten Sie auch auf Ruhetage der Sehenswürdigkeiten und Restaurants.

Besuchen Sie berühmte Sehenswürdigkeiten nicht spontan! Ansonsten müssen Sie mit langen Schlangen rechnen oder bekommen keinen Zutritt mehr. Daher ist es ratsam die Tickets im Vorfeld zu buchen.

Montag ist Ruhetag. Denken Sie daran, dass montags alle öffentlichen Museen geschlossen sind.

Auf die Reise einstimmen

Egal ob für die Planung oder in Vorfreude auf den geplanten Trip: holen Sie sich schon mal das Bella Italia Feeling ins Haus mit einer italienischen Musikauswahl. Einfach den QR-Code rechts scannen und schon kann es losgehen!

Anreise

Flugzeug: Der Flughafen Rom-Fiumicino (Leonardo da Vinci) ist der größte internationale Flughafen Roms und einer der verkehrsreichsten in Italien. Die Flugzeit von München beträgt rund 1,5 Stunden und maximal 2,5 Stunden aus Hamburg. Von dort kommen Sie günstig und schnell mit dem Leonardo Express in die Stadt. Ein Ticket kostet 14 Euro, welches Sie am Automaten vor dem Gleis im Flughafenbahnhof erhalten. Der Zug fährt alle 30 Minuten von 6:08 bis 22:23 Uhr bis zur Stazione Termini.

Zurück zum Flughafen kommen Sie von der Stazione Termini Gleis 25 zwischen 5:20 und 22:35 Uhr, ebenfalls alle 30 Minuten. Eine günstigere Alternative mit 6 Euro pro Ticket ist der Bus von Terravision (terravision.eu). Hier müssen Sie unbedingt online vorbuchen! Der Bus fährt von Fiumicino (vor dem Terminal 3) alle 20 Minuten zur Stazione Termini in die Stadt. Ein dritte Option ist das Taxi. Ins Stadt-

Hier geht‘s zur
Italien Playlist

zentrum kostet Sie das rund 50 Euro. Der Flughafen Rom-Ciampino ist eine weitere Option, der hauptsächlich von Budget-Fluggesellschaften bedient wird. Von hier kommen Sie entweder mit dem Taxi in die Innenstadt (circa 35 Euro) oder Sie nehmen den Terravision Bus (terravision.eu). Die Fahrt kostet 6 Euro, Abfahrt alle 60 Minuten bis zur Stazione Termini. Auch hier sollten Sie Ihr Tickets bereits online im Vorhinein buchen.

Auto: Die Anreise nach Rom mit dem Auto aus Deutschland kann eine reizvolle Möglichkeit sein, wenn Sie flexibel sein und die Landschaften auf dem Weg dorthin erkunden möchten. Allerdings müssen Sie auch mit viel Verkehr, besonders in den Ferienzeiten und hohen Mautgebühren und Benzinpreisen rechnen. Fahren Sie von der Autostrada del Sole auf den Grande Racordo Anulare (G.R.A.). Folgen Sie dann immer den Schildern „Roma Centro“. Stellen Sie sich darauf ein, dass der Verkehr in Rom oft chaotisch sein kann, auch Parkplätze können knapp und teuer sein.

Bahn: Die Anreise mit dem Zug dauert aus Frankfurt rund 12 Stunden und bringt Sie direkt zur Stazione Termini oder der neuen Stazione Tiburtina. Der Hochgeschwindigkeitszug Freccia Rossa ist aktuell noch nicht von Deutschland nach Rom verfügbar. Allerdings ist dieses Vorhaben in Planung. Buchungen sind zukünftig direkt über trenitalia.com möglich.

In der Stadt mobil

Auto: Der Verkehr in Rom ist ziemlich chaotisch und nichts für schwache Nerven. Achten Sie auf Verkehrszeichen und -regeln. Geschwindigkeitsbegrenzungen sind streng zu beachten. Auf der Autobahn liegt das Tempolimit bei 130 km/h. In Italien wird Alkoholkonsum am Steuer stark sanktioniert - maximal 0,5 Promille sind am Steuer erlaubt. Denken Sie außerdem unbedingt daran, eine Warnweste im Auto zu haben. Sollten Sie eine Panne haben, bitte direkt anziehen ansonsten kann Sie der Verstoß schnell über 100 Euro kosten.

Öffentliche Verkehrsmittel: Wir empfehlen mit der Metro und dem Bus in Rom zu fahren. Das Netz ist allgemein gut ausgebaut und Sie kommen in der Regel schnell an Ihr Ziel. Ein Bus- und U-Bahn-Ticket (BIT) kostet für eine einfache Fahrt 1,50 Euro oder 7 Euro für eine Tageskarte. Wenn Sie mehrere Tage in der Stadt sind, lohnt sich auch eine 2- oder 3-Tageskarte (12,50 Euro / 18 Euro). Kinder bis einschließlich 10 Jahren dürfen in Begleitung eines Erwachsenen umsonst fahren. Kinder bis 10 Jahre, die allein fahren, müssen den vollen Fahrpreis zahlen. Die Tickets können Sie direkt beim römischen Verkehrsbetrieb (ATAC), zum Beispiel an der Stazione Termini, oder in einem „Tabacchi“ kaufen. Halten Sie einfach Ausschau nach dem schwarz gelben ATAC Logo. Aktuelle Infos finden Sie unter atac.roma.it.

Taxi: Die Taxis sind in Rom etwas günstiger im Vergleich zu deutschen Preisen. Der Grundpreis beträgt 3 Euro, nachts und an Sonn- und Feiertagen etwas mehr (7 Euro / 5 Euro). Die ersten 10 Kilometer 1,10 Euro je Kilometer. Lassen Sie sich nicht abzocken: fahren Sie nur mit den offiziellen weißen Taxis. Hier sind die Zähler geeicht und die Adresse der Firma und des Fahrers hängt sichtbar aus. Diese Taxis finden Sie an zahlreichen Taxiständen oder buchen Sie zum Beispiel über die App FreeNow.

Fahrrad & Vespa: Sie mögen es aktiver? Leihen Sie sich ein Fahrrad bei bikeology.it an der Piazza Navona ab 18 Euro oder erkunden Sie Rom mit der Vespa. Leihen können Sie diese beispielsweise bei Rome Rent Scooter (romarentscooter.it) ab 40 Euro pro Tag oder 10 Euro pro Stunde.

Was Sie noch wissen sollten

Notfälle:
Polizei (Carabinieri): Tel. 112
Feuerwehr: Tel. 115
Pannendienst ACI: Tel. 116
Notdienst: Tel. 118

Die Apotheke Farmacia Internazionale ist 24/7 geöffnet.

Internet & WLAN: Wenn Sie in einem Hotel oder AirBnB übernachten, werden Sie dort sicherlich Zugang zum WLAN erhalten. Darüber hinaus können Sie in vielen öffentlichen Bereichen in der Innenstadt ein kostenfreies WLAN nutzen. Einfach auf www.digitromawifi.it/de/ (bitte achten Sie auf die genaue Schreibweise dieser Web-Adresse) einloggen und bis zu vier Stunden täglich gratis surfen. Aber Achtung: öffentliche WLAN-Netze sind auch ein beliebter Hotspot für Cyberkriminelle. Daher empfehlen wir Ihnen in diesen Netzwerken keine Banking Apps oder ähnliches zu nutzen. Da in EU-Mitgliedsstaaten keine Roaming-Gebühren mehr anfallen, können Sie auch bedenkenlos Ihre deutsche SIM-Karte nutzen, sofern EU-Roaming in Ihrem Vertrag eingeschlossen ist. Noch ein Tipp: in Italien heißt das Smartphone „il telefono" oder „il cellulare", wenn Sie nach einem Handy fragen, wird Sie niemand verstehen.

Steckdosenadapter: In Italien werden Sie feststellen, dass die meisten Steckdosen mit den in Deutschland üblichen Steckern des Typs C und F kompatibel sind. Der Typ C, auch als „Euro-Stecker" bekannt, passt in die flachen Löcher der italienischen Steckdosen, während der Typ F, auch als „Schuko-Stecker" bezeichnet, ebenfalls problemlos in die runden Löcher passt.

Eine Besonderheit in Italien ist der Typ L. Dieser Steckertyp weist drei nebeneinander oder übereinander liegende Löcher auf und ist kompatibel mit dem flachen Euro-Stecker des Typs C. Beachten Sie jedoch, dass die dickeren Schuko-Stecker des Typs F nicht in die Steckdosen des Typs L passen. In diesem Fall ist ein Adapter erforderlich, um Ihre Geräte mit Schuko-Steckern anzuschließen.

Während Ihres Aufenthalts in Italien sollten Sie also sicherstellen, dass Sie sowohl Euro-Stecker als auch Schuko-Stecker und gegebenenfalls einen Adapter mitführen, um alle Ihre elektronischen Geräte problemlos verwenden zu können.

Tabacchi Kioske: Während Ihres Aufenthalts in Rom werden Sie früher oder später auf die typischen Tabakläden mit der Aufschrift „Tabacchi" stoßen. Dass dort Tabakwaren (Tabacchi) verkauft werden, erklärt sich von selbst. Hier bekommen Sie aber neben Tabak noch viel mehr: von Fahrkarten, Postkarten und Briefmarken bis hin zu Souvenirs und Süßigkeiten.

Die Tabakläden sind übrigens schon seit mehreren hundert Jahren tief in der italienischen Geschichte verwurzelt. Früher hießen die Kioske noch „Sali e Tabacchi". Das bedeutet wörtlich übersetzt „Salze und Tabakwaren". Diese beiden Waren waren einst kostbare Überseeprodukte, die vom Staat kontrolliert importiert wurden und in den italienischen Tabakläden während der Kolonialzeit erhältlich waren.

Die allererste Tabaccheria wurde in Rom eröffnet und erfreute sich schnell großer Beliebtheit. Schon gegen Ende des 17. Jahrhunderts gab es in der Ewigen Stadt mehr Tabakläden als Bäckereien oder Wirtshäuser. Erst in den 1880er Jahren beschloss die Regierung, das bestehende Monopol für Salz und Tabak schrittweise aufzugeben. Danach wuchs das Sortiment der Kioske stetig.

Briefmarken: Wenn Sie etwas Geduld mitbringen, dann können Sie sich durchaus auf die Italienische Post verlassen. Und sie müssen nicht die überteuerten Briefmarken von friendpost oder GPS kaufen. Die schönsten Briefmarken bekommen Sie übrigens in der Posta Vaticana am Petersplatz.

Gratiswasser in der Stadt: In Rom müssen Sie kein teures Wasser kaufen, denn hier gibt es jede Menge Trinkwasserbrunnen, sogenannte Nasoni, wo Sie kostenlos Trinkwasser bekommen. Mittlerweile gibt es auch Apps, die Ihnen den nächsten Trinkbrunnen anzeigen.

Trinkgeld: La mancia (Trinkgeld), ist auch in Italien üblich. Wenn das Wörtchen "Coperto" auf der Rechnung steht, ist das Trinkgeld bereits eingerechnet. Das „Coperto" wird auf der Rechnung in vielen Restaurants in Italien pro Person und für das Gedeck sowie Brot oder Grissinis berechnet.

Im Restaurant ist ein Trinkgeld von rund 10 Prozent des Rechnungsbetrages üblich, je nach Service und Zufriedenheit. In Bars und Cafés ist es üblich, das Wechselgeld, das Sie zurückbekommen, als Trinkgeld zu lassen. Das kann nur ein kleiner Betrag sein, etwa ein paar Cent. Wenn der Service besonders gut ist, können Sie natürlich mehr geben.

In Hotels ist es üblich, Trinkgeld für das Reinigungspersonal und das Hotelpersonal zu geben. Hier sind 1-2 Euro pro Übernachtung angemessen.

Wenn Sie mit dem Taxi unterwegs sind, ist es nicht üblich Trinkgeld zu geben.

Sightseeing Pässe

Mit einem Sightseeing Pass können Sie sich je nach Ihren Interessen und geplanten Aktivitäten Geld sparen. Hier gibt es verschiedene Optionen mit einem unterschiedlichem Umfang.

Einen übersichtlichen Vergleich der einzelnen Pässe sehen Sie auf der nächsten Seite. Da sich der Leistungsumfang jederzeit ändern kann, empfehlen wir Ihnen auch die Webseiten der Anbieter zu prüfen.

Sparfüchse aufgepasst! Jeden ersten Sonntag eines Monats ist der Zutritt zu vielen Sehenswürdigkeiten und Museen kostenlos. Bitte bedenken Sie jedoch, dass der Andrang an diesen Tagen sehr hoch ist. Prüfen Sie bitte, ob Ihre gewünschten Sehenswürdigkeiten an der Aktion teilnehmen und ob eine Buchung im Voraus erforderlich ist.

Rom City Pass
turbopass.com/rome-city-pass
Der Rom City Pass bietet Ihnen ein All-Inclusive Paket. Neben dem Eintritt zu Sehenswürdigkeiten beinhaltet er auch einen Flughafentransfer und eine Hop-on-Hop-off City Tour. Sie können sich dabei zwischen einer Laufzeit von 1 bis 7 Tagen entscheiden.

Rom Tourist Card
rometouristcards.com/de
Die Rome Tourist Card konzentriert sich auf drei Sightseeing Highlights. Hier buchen Sie direkt ein fixes Zeitfenster vorab und müssen sich vor Ort um nichts mehr kümmern. Außerdem erhalten Sie einen Audioguide dazu.

Roma Pass
romapass.it
Der Roma Pass ist der günstigste Pass und wird von der Stadt subventioniert. Der Fokus liegt hier sehr stark auf Museen. Achtung: Die Vatikanischen Museen sind hier nicht inbegriffen. Im 72 Stunden Pass sind die ersten beiden Attraktionen gratis, und im 48 Stunden Pass die erste Attraktion, welche Sie besuchen. Bei allen weiteren bekommen Sie vergünstigten Eintritt.

Rom Explorer Pass
gocity.com/en/rome
Der Rom Explorer Pass fokussiert sich nicht nur auf Sehenswürdigkeiten, sondern schließt ganz verschiedene Erlebnisse in Rom ein. Hier sind Sie völlig frei in Ihrer Gestaltung. Neben den bekannten Sehenswürdigkeiten können Sie den Pass auch für Kochkurse, Weinverkostungen oder Hop-on-Hop-Off Touren nutzen. Sie wählen frei zwischen 2 und 7 Erlebnissen.

	Rom City Pass	Rom Tourist Card	Roma Pass	Rom Explorer Pass
Kolosseum, Forum Romanum, Palatin Hügel	Freier Eintritt	Freier Eintritt in einem fixen Zeitfenster	✗	✓
Vatikanische Museen & Sixtinische Kapelle	Freier Eintritt ohne Wartezeit	Freier Eintritt in einem fixen Zeitfenster	✗	✓
Petersdom	Freier Eintritt	Freier Eintritt in einem fixen Zeitfenster , inkl. Führung	✗	✓
Pantheon	Freier Eintritt	✗	✗	✓
Weitere Sehenswürdigkeiten & Museen	✓	✗	72 h Pass: freier Eintritt für 2 Attraktionen 48 h Pass: freier Eintritt für 1 Attraktion, Weitere Ermäßigungen	✓
Öffentliche Verkehrsmittel in Rom	✓	✗	✓	✗
Rom Audio-Guide	-	✓	✗	Bei bestimmten Attraktionen beinhaltet
Hop-on-Hop-off City Tour	✓	✗	✗	Kann als Attraktion gewählt werden
Flughafentransfer	✓	✗	✗	-
Gültigkeit	1-7 Tage	Vordefinierte Zeitfenster im Reisezeitraum	48 Stunden oder 72 Stunden	60 Tage
Preis	97,90 Euro für Erwachsene (2 Tage)	97 Euro für Erwachsene	48 Stunden: 32 Euro 72 Stunden: 52 Euro	Von 74 Euro (2 Attraktionen) bis zu 179 Euro (7 Attraktionen)
Buchung	turbopass.com/rome-city-pass	rometouristcards.com	romapass.it	gocity.com/en/rome

Vorsicht Taschendiebe: Wie in jeder Großstadt sind auch in Rom Taschendiebe weit verbreitet. Tragen Sie Ihre Wertsachen nah am Körper, seien Sie achtsam und vermeiden Sie Ablenkungsmanöver und große Menschmassen. Außerdem sollten Sie nur tagsüber Bargeld am Automaten abheben, um Diebstähle zu vermeiden.

Barrierefreiheit: In Bezug auf Barrierefreiheit herrscht in Rom leider an vielen Ecken (noch) Nachholbedarf. Die Tatsache, dass die Stadt auf sieben Hügeln erbaut ist, macht sie von Natur aus nicht besonders barrierefrei. Besonders im öffentlichen Nahverkehr in Rom gibt es einige Herausforderungen. Vor allem in der zentralen Metrolinie A sind barrierefreie Zugänge zu den Bahnsteigen und Zügen keineswegs selbstverständlich. Die U-Bahnstationen der Linien B und C bieten jedoch einige barrierefreie Zugänge. Dennoch ist die ordnungsgemäße Funktion von Aufzügen und Treppenliften nicht immer gewährleistet.

An einigen Sehenswürdigkeiten wurden bereits Maßnahmen ergriffen, um die Barrierefreiheit zu verbessern. Sie können die folgenden Museen und historischen Stätten bedenkenlos besuchen: das Kolosseum, die Vatikanischen Museen, das Monumento Nazionale a Vittorio Emanuele II oder das Pantheon. Die Piazza Navona, die Piazza di Spagna, den Trevi-Brunnen und Campo de' Fiori können natürlich auch im Rollstuhl besichtigt werden. Hier sollten Sie jedoch aufpassen, da in den kleineren Gassen Kopfsteinpflaster verlegt ist und die Gehwege nicht immer in bestem Zustand sind. Mit der Unterstützung einer Begleitperson und etwas Geduld können Sie jedoch auch die verwinkelten Gassen Roms erkunden. Alternativ dazu bietet sich die Hauptstraße Via del Corso an. Die Gehwege sind zwar schmal, jedoch asphaltiert. Mit sorgfältiger Planung und Geduld ist es also durchaus möglich, Rom auch im Rollstuhl zu erleben.

Vegetarisch und vegan essen: Als westliche Großstadt ist Rom auch auf Veganer eingestellt. Die Auswahl an veganen Restaurants ist nicht riesig, bietet aber dennoch einige Möglichkeiten. Beispielsweise sind das „Universo Vegano“ oder „100% Bio“ empfehlenswert.

Veganes Eis bekommen Sie in der „Gelateria della Palma“. Auch die Straßenmärkte in Rom sind eine großartige Quelle für frisches Obst, Gemüse und Nüsse.

Außerdem sind viele Restaurants in Rom heute sehr flexibel und bereiten vegetarische oder vegane Gerichte auf Anfrage zu. Sie können nach „senza carne“ (ohne Fleisch) und „senza formaggio“ (ohne Käse) fragen, um draüberhinaus sicherzustellen, dass das Gericht vegetarisch bzw. vegan ist.

Das Italienisch 1x1

Einfach kommunizieren mit diesen Basics

ja / nein	**si / no**
bitte / danke	**per favore / grazie**
Hallo & Tschüss	**ciao**
Guten Tag	**buongiorno**
Guten Abend	**buonasera**
Auf Wiedersehen	**arrivederci**
Entschuldigen Sie	**scusi**
Wo finde ich...?	**dove posso trovare...?**
Was ist das?	**che cos'è questo?**
Wie viel kostet das?	**quanto costa?**
Ich spreche kein Italienisch	**non parlo italiano**

Lernen Sie die Basics für den Alltag kennen

Die Speisekarte, bitte.	**Il menu, per favore**
Ich nehme...	**Io prendo...**
Flasche / Glas	**bottiglia / bicchiere**
Salz / Pfeffer	**sale / pepe**
mit / ohne Kohlensäure	**con / senza gas**
kalt / warm	**freddo / caldo**
essen / trinken	**mangiare / bere**
Die Rechnung bitte	**Il conto, per favore**
Zahlung in bar	**in contanti**
Kreditkarte	**carta die credito**

Alles was für die Bestellung im Restaurant wissen sollten

Wie geht's?	**come stai?**
gefällt mir	**mi piace**
gefällt mir nicht	**non mi piace**
Hilfe!	**aiuto!**
offen	**aperto**
geschlossen	**chiuso**

Was sonst noch für eine Konversation hilfreich sein kann

Die schönsten Stadtviertel auf einen Blick

Rom ist in 21 Stadtteile unterteilt, die „Municipio“ genannt werden. Das gesamte Stadtgebiet Roms besteht aus insgesamt 18 Bezirken. Jedes dieser Viertel hat seinen eigenen einzigartigen Charakter und bietet unterschiedliche Erlebnisse für Besucher und Einheimische. Je nach Interessen und Vorlieben gibt es viele Facetten von Rom zu erkunden. Wir möchten Ihnen sechs davon kurz vorstellen: der Vatikan, Prati, das historische Zentrum, Trastevere, Aventino und Testaccio sowie Monti.

Der Vatikan

Das spirituelle Zentrum Roms

Das Vatikanviertel in Rom ist ein einzigartiges, souveränes Staatsgebiet, das im Herzen der Stadt liegt. Mit einer Fläche von gerade einmal 44 Hektar ist der Vatikan der kleinste unabhängige Staat der Welt und gleichzeitig das spirituelle Zentrum der katholischen Kirche.

Hier können Sie den Petersdom und den Petersplatz bewundern, eine der beeindruckendsten religiösen Stätten weltweit. Oder den Vatikan und seine weltberühmten vatikanischen Museen, mit einer überwältigenden Kunstsammlung besuchen. Mit der einzigartigen Verbindung von Religion, Kunst, Kultur und Geschichte bietet der Vatikan eine faszinierende Umgebung. Der Vatikan ist zweifellos ein einzigartiger Ort in Rom, der Geschichte, Glauben und Kunst in sich vereint.

Prati

Das elegante und entspannte Rom

Prati ist ein Viertel für diejenigen, die Rom mit einem Hauch von Eleganz erleben möchten. Dieses gehobene Viertel erstreckt sich nördlich des Vatikans und beeindruckt mit breiten Boulevards, eleganten Geschäften und erstklassigen Restaurants.

Hier können Sie in Ruhe shoppen, exquisite Gerichte genießen und sich in einer grünen und entspannten Atmosphäre verwöhnen lassen. Prati ist auch die Heimat einiger der berühmtesten Sehenswürdigkeiten der Stadt, darunter der majestätische Petersdom und das beeindruckende Castel Sant'Angelo.

In Prati erleben Sie Rom in einem gehobenen Stil, ohne auf die Wärme und den Charme der Stadt zu verzichten. Es ist ein Ort, an dem Luxus und Geschichte Hand in Hand gehen.

Das historische Rom

Die Heimat der Schätze Roms

Das Historische Viertel Roms (das Centro Storico) ist, ohne Übertreibung, wie eine Zeitmaschine. Es ist die wahre Essenz dieser alten Stadt. Schlendern Sie durch diese gewundenen Gassen, und Sie werden förmlich von der Geschichte eingehüllt.

Das wohl bekannteste Wahrzeichen der Stadt - das Kolosseum - befindet sich im Historichen Zentrum. Das Forum Romanum, einst das Zentrum des römischen Lebens, erwacht vor Ihren Augen zum Leben. Aber auch Sehenswertes wie das Pantheon oder den Trevi-Brunnen finden Sie im historischen Zentrum.

Es sind jedoch nicht nur die antiken Wunder, die dieses Viertel so magisch machen. Es sind die engen Gassen, gesäumt von beeindruckenden Kirchen, wo Sie das betörende Aroma von frisch gebackenem Brot und Espresso in den charmanten Cafés in der Luft riechen. Hier treffen Geschichte und Gegenwart aufeinander, und Sie sind mittendrin.

Trastevere

Das authentische Rom

Willkommen in Trastevere, einem Viertel, das seinen ganz eigenen Charme hat. Die Kopfsteinpflasterstraßen schlängeln sich durch enge Gassen, vorbei an farbenfrohen Gebäuden mit überhängenden Blumenkästen.

Die Atmosphäre ist romantisch und einladend und die kulinarische Szene hier ist ein wahrer Genuss. In gemütlichen Restaurants und Pizzerien erleben Sie die köstliche römische Küche in ihrer besten Form. Spüren Sie die Energie des Viertels in den Bars und Clubs, die bis spät in die Nacht geöffnet sind, während die Musik durch die Straßen dringt.

Trastevere ist der Ort, um das wahre, unverfälschte Leben in Rom zu erleben. Es ist ein Ort, an dem Sie sich in den Gassen verlieren und den Zauber einer der charismatischsten Gegenden der Stadt spüren können.

Aventino & Testaccio

Roms erlebnisreiche Kontraste: Ruhe & Genuss

Aventino und Testaccio bieten eine faszinierende Kontrastpalette in Rom. Von ruhigen Spaziergängen und atemberaubenden Aussichten im Aventino bis hin zu kulinarischen Entdeckungen und pulsierendem Nachtleben in Testaccio, hier ist für jeden etwas dabei.

Aventino ist ein charmantes, ruhiges und gehobenes Stadtviertel. Es bietet eine einzigartige Flucht aus dem Trubel der Stadt und ist geprägt von einer entspannten Atmosphäre. Was das Aventino jedoch besonders macht, sind die spektakulären Aussichten, die es bietet. Ein Muss ist der „Parco Savello". Von hier aus haben Sie eine atemberaubende Aussicht auf die Stadt.

Nur einen Steinwurf vom Aventino entfernt, finden Sie das lebendige Viertel Testaccio. Dieses Viertel ist für seine authentische römische Küche und sein pulsierendes Nachtleben bekannt. Testaccio war auch lange Zeit ein Arbeiterviertel, und das erkennt man an seiner rauen, aber faszinierenden Industrieästhetik.

Monti

Künstlerisches Flair trifft lokale Atmosphäre

Monti, das charmante historische Viertel zwischen dem majestätischen Kolosseum und der beeindruckenden Basilika Santa Maria Maggiore, ist wie ein gut gehütetes Geheimnis, das darauf wartet, entdeckt zu werden.

Die kopfsteinpflasterübersäten Straßen verleihen Monti einen Bohème-Charme, der Sie in vergangene Zeiten versetzt. Hier finden Sie Vintage-Boutiquen, Kunsthandwerksläden und urbane Cafés, die zum Entspannen einladen. Die kulinarische Szene ist vielfältig, von traditionellen italienischen Genüssen bis zu internationalen Aromen.

In Monti können Sie durch die Straßen schlendern, das künstlerische Flair Roms genießen und sich treiben lassen. Dieses Viertel ist ein Ort der Kreativität und der authentischen römischen Lebensweise.

Giro di Roma

Die Schätze und Sehenswürdigkeiten von Rom hautnah erleben

Scannen Sie den QR Code um zur digitalen Karte zu gelangen

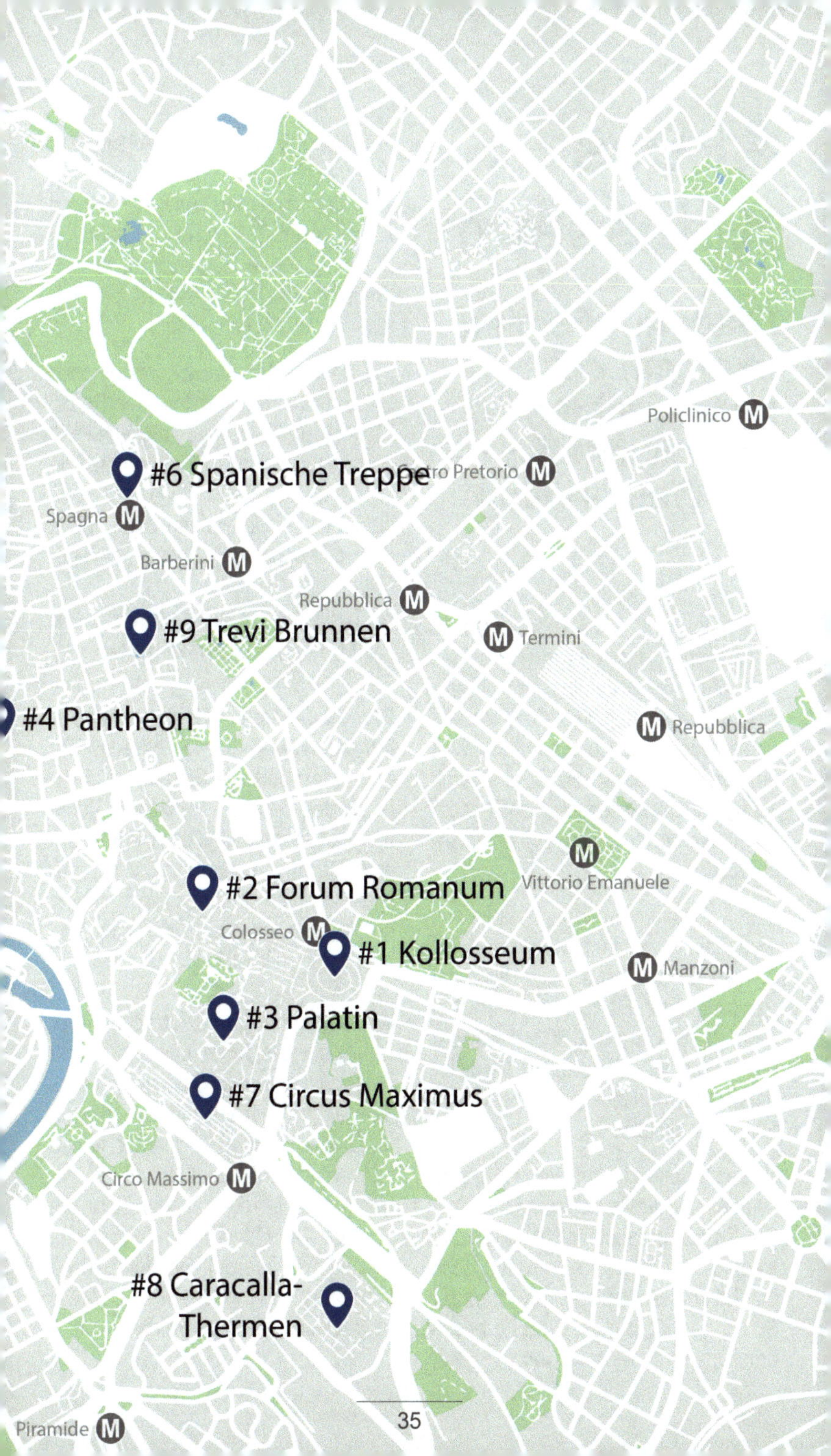
Policlinico M
#6 Spanische Treppe
tro Pretorio M
Spagna M
Barberini M
Repubblica M
#9 Trevi Brunnen
M Termini
#4 Pantheon
M Repubblica
M
Vittorio Emanuele
#2 Forum Romanum
Colosseo M
#1 Kollosseum
M Manzoni
#3 Palatin
#7 Circus Maximus
Circo Massimo M
#8 Caracalla-
Thermen
Piramide M

#1 Das Kolosseum

Gladiator Feeling in einem der bekanntesten Wahrzeichen der Welt erleben

Das Kolosseum, ist das monumentale Wahrzeichen des antiken Roms, das fast jeden Besucher bis heute fasziniert. Dieses beeindruckende Amphitheater lockt Besucher aus aller Welt an, um die Meisterleistung der römischen Ingenieurskunst zu bewundern und in die bewegte Vergangenheit einzutauchen.

Das Kolosseum, auch als Amphitheatrum Flavium bekannt, wurde zwischen 72 und 80 n. Chr. erbaut. Unter der Herrschaft der Flavischen Kaiser bot es Platz für bis zu 80.000 Zuschauer und wurde für spektakuläre Gladiatorenkämpfe, Tierjagden und Theateraufführungen genutzt.

Dieses prachtvolle Bauwerk hatte eine immense kulturelle Bedeutung im antiken Rom. Hier fanden nicht nur Schaukämpfe statt, sondern es wurde auch die Stärke des Römischen Reiches zur Schau gestellt, um das Volk zu beeindrucken und zu beeinflussen.

Im Laufe der Jahrhunderte diente das Kolosseum verschiedenen Zwecken, von Wohnungen im Mittelalter bis hin zu religiösen Zeremonien in späteren Epochen. Heute ist es ein UNESCO-Weltkulturerbe und eines der bekanntesten Wahrzeichen Roms.

Ein Besuch des Kolosseums versetzt Sie zurück in die Zeit des alten Roms. Staunen Sie über die bemerkenswerte Architektur, erkunden Sie die unterirdischen Katakomben, in denen die Gladiatoren vorbereitet wurden, und erleben Sie die Atmosphäre vergangener Tage.

Historische Geschichten, als ob die Mauern flüstern könnten

Die Gladiatoren - Helden und Opfer der Arena: Das Kolosseum war Schauplatz epischer Gladiatorenkämpfe, bei denen tapfere Männer um Ruhm und Überleben kämpften. Die Mauern erzählen von den Geschichten der mutigen Kämpfer, die für die Unterhaltung der Massen ihr Leben riskierten und manchmal zu Volkshelden wurden.

Wildtierjagden und Exotische Tiere: Die Arena des Kolosseums war nicht nur Schauplatz für Gladiatoren, sondern auch für spektakuläre Tierkämpfe. Exotische Tiere wurden aus fernen Ländern in die Arena gebracht, um gegen Menschen oder andere Tiere anzutreten. Die Mauern des Kolosseums zeugen von den aufregenden und oft tragischen Ereignissen, bei denen wilde Bestien aufeinandertrafen.

AUF EINEN BLICK

- Vorbuchung erforderlich
- 1,5 bis 2 Stunden
- Tickets 19 Euro, bis 18 Jahre kostenfrei
- Piazza del Colosseo 1

Das Große Amphitheater für Kaiser Nero: Die Geschichte des Kolosseums reicht bis zur Herrschaft von Kaiser Nero zurück. Die prachtvolle Arena wurde auf einem Gelände errichtet, das einst mit einem Palast von Kaiser Nero und einem künstlichen See verbunden war. Nach dem Sturz von Nero wurde das Gelände für den Bau des Kolosseums genutzt, und die Mauern erinnern noch heute an diese Verbindung zur Vergangenheit.

Eine architektonische Meisterleistung: Die Baugeschichte des Kolosseums ist eine beeindruckende Reise durch die römische Ingenieurskunst. Die Mauern flüstern von den genialen Techniken, die verwendet wurden, um die riesige Arena zu errichten. Von der Anordnung der Sitzreihen bis zu den innovativen Konstruktionen, die es ermöglichten, die Bühne zu verwandeln, sind die Mauern des Kolosseums Zeugen der römischen Baumeisterkunst.

Verfall und Wiederentdeckung: Die Jahrhunderte haben ihre Spuren am Kolosseum hinterlassen. Die Mauern erzählen von Zeiten des Verfalls, als das einst stolze Bauwerk als Steinbruch für andere Gebäude diente. Erst im Laufe der Zeit wurde die Bedeutung des Kolosseums als historisches Denkmal wiedererkannt, und es wurde zu einem Symbol der Ewigkeit und Schönheit Roms.

Filmische Inszenierungen und Ikonische Bilder: Das Kolosseum ist nicht nur eine historische Stätte, sondern auch ein beliebtes Film- und Fotomotiv. Zahlreiche Filme und Fernsehserien wurden hier gedreht.

Highlights TIPP

Arena: Betreten Sie die Arena, wo einst Gladiatorenkämpfe und spektakuläre Veranstaltungen stattfanden. Spüren Sie die Atmosphäre vergangener Zeiten.

Hypogeum: Erkunden Sie das unterirdische Netzwerk von Tunneln und Kammern, das einst für die Vorbereitung der Spiele genutzt wurde.

Nachtbesuch: Gelegentlich werden exklusive Nachtbesuche im Kolosseum angeboten. Diese bieten eine einzigartige Gelegenheit, das Monument in einer fast menschenleeren Umgebung zu erleben. Die herrschende Stille, kombiniert mit der besonderen Atmosphäre der Nacht, schafft ein unvergleichliches Erlebnis. Ein Nachbesuch ist besonders empfehlenswert, wenn Sie das Kolosseum bereits einmal bei Tag erlebt haben.

So planen Sie Ihren Besuch, damit er zu einem schönen Erlebnis wird

Öffnungszeiten: Das Kolosseum ist ganzjährig zwischen 08:30-16:30 Uhr geöffnet. Je nach Jahreszeit verlängern sich die Öffnungszeiten nachmittags um 1-2 Stunden. Die aktuellen Öffnungszeiten finden Sie unter: colosseo.it/en/area/the-colosseum/

Bitte beachten Sie, dass die Webseite des Kolosseums zeitweise überlastet sein kann. Falls Sie Schwierigkeiten haben, darauf zuzugreifen, empfehlen wir Ihnen, es zu einem späteren Zeitpunkt nochmal zu versuchen.

Achtung! Der letzte Einlass erfolgt eine Stunde vor Schuss (bei kurzen Öffnungszeiten entspricht dies 15:30 Uhr).

Beste Besuchszeiten: Ein Besuch im Kolosseum ist morgens oder am späten Nachmittag besonders interessant. Zu diesen Zeiten kommen Sie in den Genuss der besonderen Stimmung durch das das weichere Licht.

Tickets: Für den Besuch des Kolosseums ist eine vorherige Buchung unerlässlich, da die Tickets an feste Zeitfenster gebunden sind. Insbesondere in der Hochsaison sind die Tickets oft rasch ausverkauft, weshalb wir eine frühzeitige Buchung empfehlen.

Offizielle Tickets für das Kolosseum umfassen in der Regel auch den Zugang zum Forum Romanum und zum Palatin. Während der Eintritt ins Kolosseum nur innerhalb des gebuchten Zeitfensters möglich ist, können das Forum Romanum und der Palatin entweder 24 bis 48 Stunden vor oder nach dem Zeitfenster besucht werden, abhängig vom gewählten Ticket.

Das Kolosseum bietet unterschiedliche Ticketoptionen mit verschiedenen

Schwerpunkten und Preisen an. Die aktuellen offiziellen Ticketpreise belaufen sich auf:

- 18 bis 24 Euro für Erwachsene, abhängig von der Ticketart
- 4 Euro für junge Erwachsene im Alter von 18 bis 25 Jahren
- Kostenlos für Kinder und Jugendliche unter 18 Jahren

Zudem sind die Tickets teilweise mit verschiedenen Sightseeing-Pässen (wie z.B. dem Roma Pass) kombinierbar. Bitte beachten Sie, dass auch für die kostenlosen Tickets für Kinder und Jugendliche unter 18 Jahren eine Buchung erforderlich ist. Bitte stellen Sie sicher, dass Sie rechtzeitig vor Ihrem gebuchten Zeitfenster am Kolosseum erscheinen, da Ihnen sonst der Eintritt verwehrt werden kann.

Tickets und weitere Informationen finden Sie auf der offiziellen Webseite des Kolosseums, die neben Italienisch auf Englisch, Chinesisch und Spanisch verfügbar ist: colosseo.it/en/ (teilweise ist die Webseite überlastet, in diesem Fall können Sie es zu einem später nochmal zu versuchen)

Achtung! Im Internet und vor Ort gibt es zahlreiche Wiederverkäufer, die Tickets für das Kolosseum anbieten. Diese sind in der Regel teurer als die offiziellen Tickets. Nutzen Sie diese Quellen nur, wenn die gewünschten Tickets über die offiziellen Kanäle ausverkauft sind. Stellen Sie außerdem vor dem Kauf sicher, dass es sich bei den Wiederverkäufern um seriöse Anbieter handelt, beispielsweise durch eine Internetrecherche und das Lesen von Kundenrezensionen.

Sicherheitskontrollen: Beim Betreten des Kolosseums werden Sicherheitskontrollen durchgeführt, ähnlich wie an Flughäfen. Vermeiden Sie Gegenstände wie große Taschen oder Gepäck, um den Prozess zu beschleunigen.

Bequeme Schuhe und Kleidung: Das Kolosseum hat viele Treppen und unebene Wege. Tragen Sie bequeme Schuhe und lockere Kleidung, um sich frei bewegen zu können.

Trinkwasser und Sonnenschutz: Besonders an warmen Tagen ist es wichtig, ausreichend Wasser mitzunehmen und Sonnenschutzmittel zu verwenden, da es im Kolosseum wenig Schatten gibt.

Erlebnisse in der Umgebung: Das Kolosseum befindet sich in der Nähe der folgenden Erlebnisse:

#2 Das Forum Romanum
#3 Der Palatin
#15 Mercato Monti

Wie kommt man am besten hin: Die nächstgelegene U-Bahn-Station ist „Colosseo“ (Linie B). Alternative ist das Kolosseum über die gleichnamige Bushaltestelle „Colosseo“ erreichbar.

Adresse: Piazza del Colosseo, 1, 00184 Rom, Italien.

#2 Forum Romanum

Eine fesselnde Zeitreise in die antike Pracht und politische Macht Roms

Das Forum Romanum ist der pulsierende Herzschlag der einstigen römischen Macht. Hier erwacht die Geschichte zum Leben, und Zeitalter und Erzählungen verweben sich zu einem atemberaubenden Panorama antiker Zivilisation.

Dieses historische Areal beheimatet die eindrucksvollen Überreste von Tempeln, Basiliken und Triumphbögen, darunter der majestätische Tempel des Saturn, das mystische Haus der Vestalinnen und der triumphale Titusbogen.

Die Steine scheinen Geschichten von politischen Intrigen bis hin zu glorreichen Triumphen zu flüstern, während Sie durch die Jahrhunderte wandeln.

Das Forum Romanum, einst im 7. Jahrhundert v. Chr. geboren, entwickelte sich im Laufe der Jahrhunderte zu einem pulsierenden Zentrum von Politik, Handel und Religion. Es war der Schauplatz, an dem das öffentliche Leben Roms erblühte und Kaisern sowie Bürgern gleichermaßen eine Bühne bot.

Ohne ein festes Fertigstellungsdatum entstanden, durchlief das Forum verschiedene Bauphasen. Trotzdem blühte es über Jahrhunderte im Römischen Reich auf, ein Mosaik aus historischen Momenten.

Historische Geschichten, als ob die Mauern flüstern könnten:

Ciceros Reden: Der Philosoph und Politiker Cicero erfüllte das Forum mit seinen leidenschaftlichen Reden, die politische Debatten in den Steinen widerhallen ließen.

Cäsars Ermordung: Die Basilika Julia war Zeuge von Julius Cäsars tragischem Ende, das die römische Republik erschütterte und die Geschichte umschrieb.

Triumphzüge: Prachtvolle Triumphzüge römischer Generäle zogen durch das Forum und enthüllten eroberte Schätze sowie die Macht Roms.

AUF EINEN BLICK

- Vorbuchung erforderlich
- 1,5 bis 2 Stunden
- Tickets ab 18 Euro, bis 18 Jahre kostenfrei
- Via della Salara Vecchia 5/6

Das Forum Romanum diente als politischer, wirtschaftlicher und religiöser Dreh- und Angelpunkt des Römischen Reiches. Hier hallten öffentliche Reden wider, fanden Gerichtsverhandlungen statt, wurden religiöse Riten vollzogen und Handel getrieben. In dieser Kulisse formte sich das Schicksal Roms und seines Reiches. Selbst nach dem Verfall des Römischen Reiches blieb das Forum Romanum ein Sinnbild römischer Kultur und beeinflusste die Architektur späterer Zivilisationen, insbesondere in der Renaissance.

Heute öffnet das Forum Romanum ein faszinierendes Tor in die Vergangenheit, gewährt Einblicke in das Alltagsleben der alten Römer und enthüllt den Reichtum dieser bedeutenden Zivilisation.

Die unvergleichliche Verbindung zur Geschichte und die Gelegenheit, in die Fußstapfen jener Menschen zu treten, die einst hier lebten, machen das Forum Romanum zu einem unerlässlichen Ziel für jeden, der die Wurzeln der westlichen Zivilisation begreifen möchte.

Highlights TIPP

Bogen des Septimius Severus: Ein prachtvoller Triumphbogen, der an Septimius Severus' Sieg über die Parther erinnert.

Curia Julia: Hier trafen sich einst Roms Senatoren, um über Schicksalsfragen zu entscheiden.

Tempel der Vesta: Wo die Vestalinnen das ewige Feuer hüteten, das Rom beschützte.

Basilika Julia: Einst Marktplatz, heute beeindruckende Ruinen, die von Roms blühender Geschichte künden.

Titusbogen: Zeugnis des Triumphs über Judäa und Zerstörung des Jerusalemer Tempels.

Rostra: Von dieser Rednerplattform erfüllten bedeutende Ansprachen die Luft.

Tempel des Saturn: Einst Archiv und Schatzkammer, erzählt dieser Tempel von Roms Reichtum und Macht.

So planen Sie Ihren Besuch, damit er zu einem schönen Erlebnis wird

Öffnungszeiten: Das Forum Romanum ist ganzjährig zwischen 08:30-16:30 Uhr geöffnet. Je nach Jahreszeit verlängern sich die Öffnungszeiten nachmittags um 1-2 Stunden. Die aktuellen Öffnungszeiten finden Sie unter: colosseo.it/en/area/the-roman-forum/ (teilweise ist die Webseite überlastet, in diesem Fall können Sie es zu einem später nochmal zu versuchen)

Achtung! Der letzte Einlass erfolgt eine Stunde vor Schuss (bei kurzen Öffnungszeiten entspricht dies 15:30 Uhr).

Beste Besuchszeiten: Die frühen Morgenstunden sind in der Regel ruhiger und angenehmer. Das warme Nachmittagslicht lässt die Ruinen in einem schönen Glanz erscheinen.

Tickets: Der Eintritt zum Forum Romanum ist nur als Kombiticket mit dem Kolosseum und zum Palatin erhältlich. Während der Eintritt ins Kolosseum nur innerhalb des gebuchten Zeitfensters möglich ist, können das Forum Romanum und der Palatin entweder 24 bis 48 Stunden vor oder nach dem Zeitfenster besucht werden, abhängig vom gewählten Ticket.

Für den Besuch des Kolosseums ist eine vorherige Buchung unerlässlich, da die Tickets an feste Zeitfenster gebunden sind. Insbesondere in der Hochsaison sind die Tickets oft rasch ausverkauft, weshalb wir eine frühzeitige Buchung empfehlen.

Sie können sich zwischen verschiedenen Ticketoptionen mit verschiedenen Schwerpunkten und Preisen entscheiden. Die aktuellen offiziellen Ticketpreise belaufen sich auf:

- 18 bis 24 Euro für Erwachsene, abhängig von der Ticketart
- 4 Euro für junge Erwachsene im Alter von 18 bis 25 Jahren
- Kostenlos für Kinder und Jugendliche unter 18 Jahren

Zudem sind die Tickets teilweise mit verschiedenen Sightseeing-Pässen (wie z.B. dem Roma Pass) kombinierbar. Bitte beachten Sie, dass auch für die kostenlosen Tickets für Kinder und Jugendliche unter 18 Jahren eine Buchung erforderlich ist. Bitte stellen Sie sicher, dass Sie rechtzeitig vor Ihrem gebuchten Zeitfenster am Kolosseum erscheinen, da Ihnen sonst der Eintritt verwehrt werden kann.

Tickets und weitere Informationen finden Sie auf der offiziellen Webseite des Kolosseums, die neben Italienisch auf Englisch, Chinesisch und Spanisch verfügbar ist: colosseo.it/en/

Achtung! Im Internet und vor Ort gibt es zahlreiche Wiederverkäufer, die Tickets für das Kolosseum anbieten. Diese sind in der Regel teurer als die offiziellen Tickets. Nutzen Sie diese Quellen nur, wenn die gewünschten Tickets über die offiziellen Kanäle ausverkauft sind. Stellen Sie außerdem vor dem Kauf sicher, dass es sich bei den Wiederverkäufern um seriöse Anbieter handelt, beispielsweise durch eine Internetrecherche und das Lesen von Kundenrezensionen.

Erlebnisse in der Umgebung: Das Forum Romanum befindet sich in der Nähe der folgenden Erlebnisse:

#1 Das Kolosseum
#3 Der Palatin
#15 Mercato Monti

Wie kommt man am besten hin: Das Forum Romanum ist gut mit öffentlichen Verkehrsmitteln zu erreichen. Sie können die Metro Linie B nehmen und an der Haltestelle „Colosseo" aussteigen, die sich direkt am Kolosseum befindet. Von dort aus ist das Forum Romanum zu Fuß erreichbar.

Adresse: Via della Salara Vecchia, 5/6, 00186 Rom, Italien.

#3 Der Palatin

Hoch hinaus wo die Legenden des antiken Roms erwachen und eine spektakuläre Aussicht genießen

Der Palatin, ein bezaubernder Ort mitten in der Ewigen Stadt. Dieser heilige Hügel erwartet Sie mit einem atemberaubenden Blick auf das antike Rom und einer tiefen Verbindung zur römischen Mythologie und Geschichte. Ein absolutes Highlight für Geschichts- und Kulturbegeisterte.

Die Wurzeln des Palatins reichen bis in die früheste römische Besiedlungszeit zurück. Hier entstanden einige der ersten Siedlungen Roms, und im Laufe der Jahrhunderte entwickelte sich der Hügel zu einem Zentrum von Wohlstand und Kultur. Der genaue Zeitpunkt der Fertigstellung des Palatins ist aufgrund seiner ständigen Erweiterung und Entwicklung über die Jahrhunderte schwer zu datieren. Die beeindruckenden Paläste und Gebäude auf dem Hügel erstrecken sich über verschiedene Epochen der römischen Geschichte. In der Vergangenheit spielte der Palatin eine immens wichtige Rolle, da er die bevorzugte Adresse für die Wohnsitze der römischen Elite war. Die Kaiserpaläste auf dem Hügel bildeten das Herzstück der römischen Macht. Später mag seine Bedeutung verblasst sein, doch der Palatin bleibt ein Symbol für die prächtige Geschichte Roms.

Historische Geschichten, als ob die Mauern flüstern könnten:

Die Legende von Romulus und Remus: Der Palatin ist eng mit der Gründungslegende Roms verknüpft. Hier begann die faszinierende Geschichte von Romulus und Remus, den von einer Wölfin aufgezogenen Zwillingen, die später die Stadt Rom gründeten.

Augustus und seine Pracht: Kaiser Augustus, eine Schlüsselfigur Roms, ließ auf dem Palatin prunkvolle Paläste errichten. Diese Paläste zeugten nicht nur von beeindruckender Architektur, sondern reflektierten auch den Glanz und die Macht des römischen Imperiums. Staatsangelegenheiten wurden hier verhandelt und imperiale Zeremonien abgehalten.

Heute ist der Palatin eine bedeutende archäologische Stätte, die Sie auf eine fesselnde Reise in die römische Vergangenheit mitnimmt. Die Überreste antiker Paläste, Gärten und Statuen

AUF EINEN BLICK

Vorbuchung erforderlich

1,5 bis 2 Stunden

Tickets ab 18 Euro, bis 18 Jahre kostenfrei

Via di San Gregorio 30

gewähren Ihnen einen eindrucksvollen Einblick in die Kultur Roms.

Highlights TIPP

Domus Augustana: Erleben Sie den prächtigen Palast von Kaiser Augustus. Tauchen Sie ein in das Leben eines römischen Kaisers und erkunden Sie die Überreste dieses beeindruckenden Gebäudekomplexes.

Domus Flavia: Kaiser Domitian ließ diese prachtvolle Residenz erbauen. Bewundern Sie die architektonischen Details und stellen Sie sich vor, wie einst opulente Bankette und Zeremonien hier stattfanden.

Haus der Livia: Diese antike Villa gewährt Einblicke in das private Leben der römischen Oberschicht. Bewundern Sie die gut erhaltenen Fresken und Mosaiken, die die Raffinesse jener Ära widerspiegeln.

Palatin-Museum: Das Museum auf dem Palatin beherbergt zahlreiche Fundstücke aus den Ausgrabungen, darunter Skulpturen, Marmorfragmente und Relikte aus verschiedenen Epochen der römischen Geschichte.

Spektakuläre Aussichtspunkte: Genießen Sie die atemberaubende Aussicht auf das antike Rom von den verschiedenen Standpunkten auf dem Hügel aus. Der Blick auf das Kolosseum, das Forum Romanum und die Stadtlandschaft ist einfach unvergesslich.

So planen Sie Ihren Besuch, damit er zu einem schönen Erlebnis wird

Öffnungszeiten: Das Forum Romanum ist ganzjährig zwischen 08:30-16:30 Uhr geöffnet. Je nach Jahreszeit verlängern sich die Öffnungszeiten nachmittags um 1-2 Stunden. Die aktuellen Öffnungszeiten finden Sie unter: colosseo.it/en/area/the-palatine/ (teilweise ist die Webseite überlastet, in diesem Fall können Sie es zu einem später nochmal zu versuchen)

Achtung! Der letzte Einlass erfolgt eine Stunde vor Schuss (bei kurzen Öffnungszeiten entspricht dies 15:30 Uhr).

Beste Besuchszeiten: Die besten Zeiten für einen Besuch sind normalerweise früh morgens oder spätnachmittags, um die Besucherströme zu meiden und optimales Licht für Fotos zu nutzen.

Tickets: Der Eintritt zum Palatin ist nur mit einem Kombiticket (Kolosseum, Forum Romanum & Palatin) möglich. Während der Eintritt ins Kolosseum nur innerhalb des gebuchten Zeitfensters möglich ist, können Sie den Palatin und das Forum Romanum entweder 24 bis 48 Stunden vor oder nach dem Zeitfenster besucht werden, abhängig vom gewählten Ticket.

Für den Besuch des Kolosseums ist eine vorherige Buchung unerlässlich, da die Tickets an feste Zeitfenster gebunden sind. Insbesondere in der

Hochsaison sind die Tickets oft rasch ausverkauft, weshalb wir eine frühzeitige Buchung empfehlen.

Sie können sich zwischen verschiedenen Ticketoptionen mit verschiedenen Schwerpunkten und Preisen entscheiden. Die aktuellen offiziellen Ticketpreise belaufen sich auf:

- 18 bis 24 Euro für Erwachsene, abhängig von der Ticketart
- 4 Euro für junge Erwachsene im Alter von 18 bis 25 Jahren
- Kostenlos für Kinder und Jugendliche unter 18 Jahren

Zudem sind die Tickets teilweise mit verschiedenen Sightseeing-Pässen (wie z.B. dem Roma Pass) kombinierbar. Bitte beachten Sie, dass auch für die kostenlosen Tickets für Kinder und Jugendliche unter 18 Jahren eine Buchung erforderlich ist. Bitte stellen Sie sicher, dass Sie rechtzeitig vor Ihrem gebuchten Zeitfenster am Kolosseum erscheinen, da Ihnen sonst der Eintritt verwehrt werden kann.

Tickets und weitere Informationen finden Sie auf der offiziellen Webseite des Kolosseums, die neben Italienisch auf Englisch, Chinesisch und Spanisch verfügbar ist: https://colosseo.it/en/

Achtung! Im Internet und vor Ort gibt es zahlreiche Wiederverkäufer, die Tickets für das Kolosseum anbieten. Diese sind in der Regel teurer als die offiziellen Tickets. Nutzen Sie diese Quellen nur, wenn die gewünschten Tickets über die offiziellen Kanäle ausverkauft sind. Stellen Sie außerdem vor dem Kauf sicher, dass es sich bei den Wiederverkäufern um seriöse Anbieter handelt, beispielsweise durch eine Internetrecherche und das Lesen von Kundenrezensionen.

Festes Schuhwerk: Der Palatin hat unebenes Gelände, also tragen Sie bequeme Schuhe für das Erkunden der Ruinen.

Sonnen- und Wetterschutz: Der Hügel ist weitgehend offen, daher ist es ratsam, Sonnenschutzmittel, eine Kopfbedeckung und Wasser mitzubringen. Bei Regen könnten Schirme und Regenkleidung nützlich sein.

Erlebnisse in der Umgebung: Der Palatin befindet sich in der Nähe der folgenden Erlebnisse:

#1 Das Kolosseum
#2 Das Forum Romanum
#15 Mercato Monti

Wie kommt man am besten hin: Der Palatin ist gut mit öffentlichen Verkehrsmitteln erreichbar. Die nächstgelegene U-Bahn-Station ist „Colosseo" (Linie B), von der aus Sie in wenigen Minuten zum Eingang des Palatins gelangen.

Adresse: Via di San Gregorio, 30, 00186 Rom, Italien.

#4 Das Pantheon

Ein architektonisches Meisterwerk, wo man noch heute den Glanz und die Größe des antiken Roms spüren kann

Das Pantheon, ein architektonisches Wunderwerk, das Sie mit seiner einzigartigen Kuppel und beeindruckenden Architektur in seinen Bann ziehen wird. Ein Besuch hier verspricht eine faszinierende Zeitreise in die Antike, in der die Meisterleistungen der römischen Ingenieurskunst zum Leben erwachen.

Das Herzstück des Pantheons ist das „Oculus" – eine runde Öffnung in der Kuppel, die gleißendes Licht einfängt und eine zauberhafte Licht- und Schattenshow im Inneren erzeugt. Diese mystische Lichtatmosphäre wird Sie in ihren Bann ziehen und Ihnen einen einzigartigen Einblick in die Schönheit antiker Architektur gewähren.

Mit einem Durchmesser von etwa 43,3 Metern ist die Kuppel des Pantheons nicht nur ein technisches Meisterwerk, sondern auch eine architektonische Triumphleistung. Diese gigantische Kuppel ohne Stützpfeiler zu errichten, war eine gewagte Herausforderung, die die antiken Ingenieure mit Bravour meisterten.

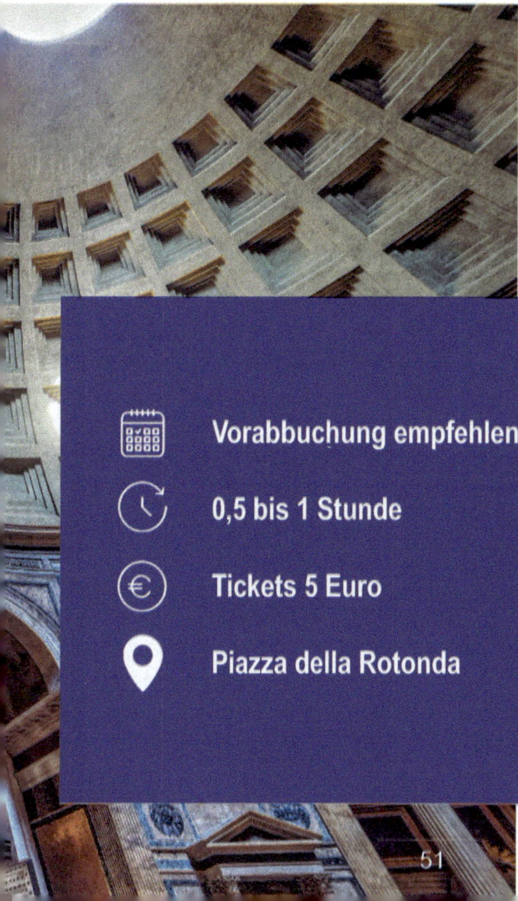

AUF EINEN BLICK

- Vorabbuchung empfehlenswert
- 0,5 bis 1 Stunde
- Tickets 5 Euro
- Piazza della Rotonda

Das Pantheon wurde zwischen 118 und 128 n. Chr. unter Kaiser Hadrian erbaut. Es steht auf den Überresten eines früheren Pantheons aus der Zeit des Agrippa und wurde als Teil von Hadrians Neugestaltungsprojekt für Rom erschaffen.

Ursprünglich ein Tempel für die römischen Götter, verwandelte sich das Pantheon im 7. Jahrhundert in die Kirche „Santa Maria ad Martyres". Diese faszinierende Transformation zeigt den Wandel von Glauben und Kultur im Laufe der Jahrhunderte.

Die Renaissance war eine Zeit des Wiedererwachens antiker Schönheit. Das Pantheon inspirierte Künstler und Architekten, die von seinen harmonischen Proportionen und der beeindruckenden Kuppel beeinflusst wurden. Ihre Werke zeugen von dieser Wiedergeburt der Kreativität.

Historische Geschichten, als ob die Mauern flüstern könnten:

Der Bau unter Kaiser Hadrian: Kaiser Hadrian, ein Liebhaber der Architektur, beauftragte den Bau des Pantheons. Er strebte nach einem Gebäude, das die Größe des Römischen Reiches und die Macht der Götter widerspiegeln sollte.

Die unvergleichliche Kuppel: Die riesige Kuppel des Pantheons ist ein architektonisches Wunderwerk. Die massive, halbkugelförmige Kuppel des Pantheons wurde in einem einzigen Stück über einer enormen Holzverschalung gegossen. Die Römer verwendeten für das Gusswerk eine Art zementähnlichen Mörtel zusammen mit kleingehauenen Ziegeln und Steinen.

Heute dient das Pantheon als katholische Kirche, die Raum für spirituelle Reflexion und Anbetung bietet. Es verbindet die Vergangenheit mit der Gegenwart und lädt dazu ein, die Stille und Andacht inmitten dieser historischen Pracht zu erfahren.

Highlights TIPP

Neben der imposanten Kuppel gibt es noch viele weitere Highlights, die Sie keinesfalls verpassen sollten:

Das Innere: Betreten Sie den prächtigen Innenraum und lassen Sie sich von der majestätischen Atmosphäre umgeben. Bewundern Sie die kunstvollen Säulen, Kapitelle und Marmorverzierungen.

Gräber berühmter Persönlichkeiten: Das Pantheon beherbergt die Grabstätten einiger prominenter Persönlichkeiten, darunter der berühmte Maler Raphael. Begeben Sie sich auf eine Entdeckungsreise durch die Geschichte.

Altar und Fresken: Lassen Sie sich von den detaillierten Fresken an den Wänden verzaubern, die Szenen aus dem Leben der Jungfrau Maria darstellen. Bewundern Sie den Altar als spirituellen Mittelpunkt.

Piazza della Rotonda: Die Piazza vor dem Pantheon, die Piazza della Rotonda, lädt zum Verweilen ein. Beobachten Sie das geschäftige Treiben, genießen Sie einen Kaffee und tauchen Sie in die einzigartige Atmosphäre ein.

So planen Sie Ihren Besuch, damit er zu einem schönen Erlebnis wird

Öffnungszeiten: Das Pantheon hat täglich zwischen 9 und 19 Uhr geöffnet. An den folgenden Tagen hat das Pantheon geschlossen: 01. Januar, 16. August, 25. Dezember. Öffnungszeiten sowie besucherfreie Tage können sich laufend ändern. Auf der offiziellen Website finden Sie jederzeit die aktuellen Öffnungszeiten: pantheonroma.com/openings-info/

Achtung! Der letzte Einlass erfolgt eine halbe Stunde vor Schluss (bei kurzen Öffnungszeiten entspricht dies 18:30 Uhr).

Beste Besuchszeiten: Wenn Sie einen ruhigen Besuch bevorzugen, empfiehlt sich der frühe Morgen oder der späte Nachmittag. Mittags bietet sich die Gelegenheit, das beeindruckende Lichtspiel des Oculus zu erleben.

Tickets: Tickets erhalten Sie direkt am Pantheon oder online unter: pantheonroma.com/visit-the-pantheon/

Aktuell gelten folgende Preise:

- 5 Euro für Erwachsene
- 3 Euro für EU-Bürger zwischen 18-25 Jahren
- Kostenfrei für Kinder und Jugendliche unter 18 Jahren, sowie für italienische Staatsangehörige

Audioguides: Erfahren Sie mehr über die Geschichte und Bedeutung des Pantheons mit hilfreichen Audioguides, die Ihnen während Ihres Rundgangs zur Seite stehen. Touren und Audioguides können hier separat zu den Tickets gebucht werden: https://www.pantheonroma.com/visit-the-pantheon/

Kleiderordnung: Beachten Sie, dass das Pantheon eine religiöse Stätte ist. Vermeiden Sie es, in zu freizügiger Kleidung zu erscheinen, um Respekt zu zeigen.

Erlebnisse in der Umgebung: Das Pantheon befindet sich in der Nähe der folgenden Erlebnisse:

#10 Piazza Navona
#14 Campo de' Fiori
#27 Frigidarium

Wie kommt man am besten hin: Das Pantheon ist gut mit öffentlichen Verkehrsmitteln erreichbar. Von der nächstgelegene Bushaltestelle „Largo di Torre Argentina" erreichen Sie das Pantheon in etwa 5 Gehminuten. Von der nächstgelegenen U-Bahn Station „Barberini" (Linie A) spazieren Sie in etwa 15 Minuten bis zum Pantheon.

Adresse: Piazza della Rotonda, 00186 Rom, Italien.

#5 Die Vatikan Stadt

Eintreten in die einzigartige Welt des Papstes

Die Vatikanstadt - das Herz des Glaubens und das kleinste unabhängige Land der Welt - birgt einen unschätzbaren spirituellen und kulturellen Reichtum. Hier verschmelzen religiöse Bedeutung, historischer Glanz und beeindruckende Kunstwerke zu einem unvergesslichen Erlebnis.

Der beeindruckende Petersdom mit seiner majestätischen Kuppel bildet den Mittelpunkt des Vatikans. Die Vatikanischen Museen, die eine prachtvolle Kunstkollektion beherbergen, sind ebenso unumgänglich.

Die Vatikanstadt fand ihren Ursprung 1929 durch die historischen Lateranverträge zwischen dem Heiligen Stuhl

und dem Königreich Italien. Dieses kleine Land steht seither als Sitz des Papstes und Zentrum der katholischen Kirche im Mittelpunkt.

Der prächtige Petersdom wurde im Jahr 1626 fertiggestellt und erzählt eine jahrhundertealte Geschichte. Der Vatikan reicht jedoch weit in die Anfänge des Christentums zurück.

Die Wahl des ersten Papstes, der den Vatikan als Residenz wählte, im 4. Jahrhundert markiert einen bedeutenden Meilenstein. Die Vatikanischen Museen und die Sixtinische Kapelle, geschmückt von Meisterwerken wie Michelangelos, bereichern die Geschichte weiter.

Trotz seiner geringen Fläche von etwa 44 Hektar überstrahlt die Bedeutung des Vatikans seine Dimensionen. Die Erschaffung des Petersdoms, die über 120 Jahre dauerte, wurde von mehreren Päpsten finanziert – ein beeindrucken-

AUF EINEN BLICK

- **Vorbuchung empfehlenswert**
- **Circa 4 Stunden**
- **Kostenfreier Zugang zum Vatikan & Petersdom**
- **Vatikanstadt**

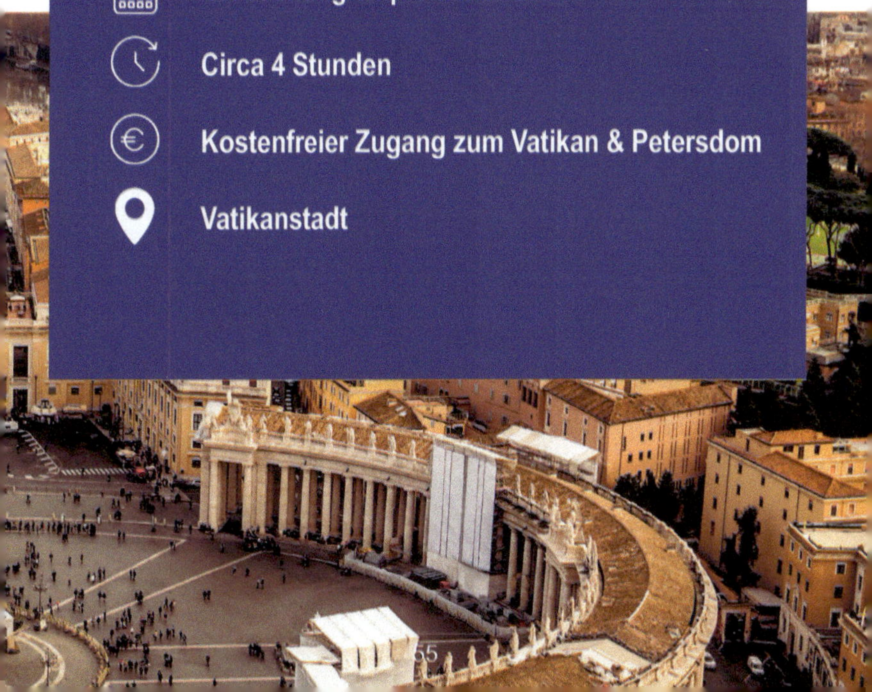

des Unterfangen. Ursprünglich war der Vatikan ein Ort der Glaubensstärkung und Kirchenmacht. Der majestätische Petersdom verkörperte Einheit und Stärke der katholischen Gemeinschaft.

Während der Renaissance wandelte sich der Vatikan zu einem Zentrum der Künste und Wissenschaften. Künstler wie Michelangelo und Raffael verewigten ihre Meisterwerke, die bis heute bewundert werden.

Historische Geschichten, als ob die Mauern flüstern könnten:

Michelangelo und die Sixtinische Kapelle: Die Schaffung der beeindruckenden Fresken in der Sixtinischen Kapelle durch Michelangelo ist eine Legende für sich. Zwischen 1508 und 1512 malte er auf dem höchsten Punkt der Kapelle, während er auf dem Rücken lag. Die beeindruckende Darstellung der Erschaffung Adams auf dem Deckengewölbe ist heute weltweit bekannt und symbolisiert die Verbindung zwischen Gott und Mensch.

Die Wahl von Papst Franziskus: Die Wahl von Papst Franziskus im Jahr 2013 war historisch, da er der erste Papst aus Lateinamerika und der erste Jesuit auf dem Heiligen Stuhl war. Sein bescheidener Lebensstil, sein Engagement für soziale Gerechtigkeit und seine Botschaften der Demut und des Mitgefühls haben das Bild des Papsttums in der modernen Welt geprägt.

Die Geheimnisse der vatikanischen Archive: Die Vatikanischen Archive beherbergen eine erstaunliche Fülle historischer Dokumente, Manuskripte und Schätze, darunter Briefe von Michelangelo, Galileo Galileis Verhörprotokolle und päpstliche Bullen aus vergangenen Jahrhunderten. Die Geheimnisse und Geschichten, die diese Archive bergen, bieten einen faszinierenden Einblick in die Vergangenheit.

Das Konklave und die Wahl des Papstes: Die Geheimnisse und Rituale des Konklaves, bei dem der nächste Papst gewählt wird, sind von historischer Bedeutung. In der Sixtinischen Kapelle kommen die Kardinäle zusammen, um hinter verschlossenen Türen den neuen Papst zu wählen. Die Ausstrahlung des weißen Rauchs aus dem Schornstein der Kapelle signalisiert der Welt, dass die Entscheidung gefallen ist.

Heute steht der Vatikan für Gebet, Pilgerfahrt und spirituelle Einkehr für Millionen Gläubiger. Gleichzeitig bewahrt er einige der bedeutendsten Kunstschätze der Welt, darunter die Sixtinische Kapelle mit Michelangelos berühmten Fresken.

Highlights TIPP

Petersdom: Die größte Kirche der Welt ist ein architektonisches Meisterwerk. Bestaunen Sie die beeindruckende Kuppel und die prachtvolle Innenarchitektur. Die Besteigung der Kuppel bietet zudem einen atemberaubenden Blick über die Stadt.

Sixtinische Kapelle: Die berühmte Kapelle beherbergt die weltberühmten Fresken von Michelangelo, darunter die „Erschaffung Adams“. Bewundern Sie die Kunstwerke und achten Sie auf die Details der Deckengestaltung.

Vatikanische Museen: Diese beherbergen eine immense Sammlung von Kunstwerken und historischen Artefakten. Verpassen Sie nicht die Stanzen des Raffael und die Galerie der Landkarten.

Petersplatz: Der beeindruckende Platz vor dem Petersdom, entworfen von Gian Lorenzo Bernini, ist ein beeindruckendes Beispiel barocker Architektur. Die zentrale Obelisken Säule und die umgebenden Kolonnaden sind sehenswert.

Papstaudienzen auf dem Petersplatz: Ein besonderes Highlight für Gläubige sind die Generalaudienzen auf dem Petersplatz. Diese finden, sofern sich der Papst in Rom aufhält, jeden Mittwoch um 9 Uhr statt. Obwohl die Teilnahme kostenlos ist, ist eine vorherige Ticketreservierung notwendig. Deutschsprachige Besucher können ihre Tickets über das Pilgerzentrum beziehen: pilgerzentrum.net/bestellsystem/

Vatikanische Gärten: Entdecken Sie eine Vielzahl von Pflanzen und Skulpturen, auf über 23 Hektar, während Sie einen Einblick in das private Leben des Vatikans erhalten. Diese grünen Oasen sind normalerweise nur mit geführten Touren zugänglich. Beachten Sie, dass nicht alle Vatikan-Tickets den Zugang zu den Vatikanischen Gärten beinhalten. Dafür sind Tickets erforderlich, die ausdrücklich den Eintritt in die Vatikanischen Gärten anbieten.

So planen Sie Ihren Besuch, damit er zu einem schönen Erlebnis wird

Öffnungszeiten: Die Vatikanischen Museen sind täglich, außer sonntags und an religiösen Feiertagen von 9 bis 18 Uhr geöffnet.

Beste Besuchszeiten: Der Eintritt in die Vatikanischen Museen und die Petersbasilika ist am besten früh morgens oder nach 16 Uhr. Die Schlange vor den Museen beginnt bereits um 7:30 Uhr, obwohl das Museum erst um 9 Uhr öffnet.

Tickets: Der Eintritt zum Vatikan, dem Petersplatz und dem Petersdom ist kostenlos. Allerdings ist für den Zugang zu den Vatikanischen Museen und der Sixtinischen Kapelle eine Eintrittsgebühr zu entrichten.

Die Warteschlangen vor dem Petersdom, den Vatikanischen Museen und der Sixtinischen Kapelle können sehr lang sein – nicht selten Wartezeiten von 2 bis 3 Stunden. „Skip-the-Line“ oder „ohne Anstehen“-Tickets bieten die Möglichkeit, diese Warteschlangen zu umgehen. Eine einfache Option, diese Tickets zu buchen, ist über vertrauenswürdige Plattformen wie z.B. GetYour-

Guide, besonders da die offiziellen Webseiten derzeit nur auf Italienisch verfügbar sind. Auf den Plattformen finden Sie verschiedene Anbieter, welche neben den „Skip-the-Line"/ „ohne Anstehen"-Tickets teilweise auch Führungen anbieten.

Bitte beachten Sie, dass die Sehenswürdigkeiten des Vatikans auch mit den Rom Sighseeing-Pässen genutzt werden können. Informationen zu den Sightseeing-Pässen finden Sie auf den Seiten 21 und 22.

Kleidung: Besuchen Sie den Vatikan angemessen gekleidet. Tragen Sie schulterbedeckende Kleidung und vermeiden Sie kurze Hosen oder Röcke. Dies gilt besonders, wenn Sie den Petersdom oder die Vatikanischen Museen besuchen möchten.

Sicherheitskontrollen: Beachten Sie, dass Sicherheitskontrollen am Eingang durchgeführt werden. Vermeiden Sie das Mitbringen von großen Taschen oder Gegenständen, die nicht erlaubt sind.

Erlebnisse in der Umgebung: In der unmittelbaren Nähe befinden sich folgende Erlebnisse:

#25 Parenti
#16 Via Cola di Rienzo

Wie kommt man am besten hin: Die U-Bahn-Station „Ottaviano" (Linie A) und der Bahnhof „San Pietro" sind nahe gelegen. Busse und Straßenbahnen sind ebenfalls verfügbar.

Adresse: Vatikanstadt, 00120 Rom, Italien.

#6 Die Spanische Treppe

Romantik erleben auf den Stufen zum Herzen der Ewigen Stadt

AUF EINEN BLICK

- Öffentlich zugänglich
- 0,5 bis 1 Stunde
- Kostenfrei
- Piazza della Rotonda

Die Spanische Treppe ist ein atemberaubendes Meisterwerk der barocken Architektur, welches die Herzen ihrer Besucher im Sturm erobert. Die Eleganz und der historische Charme dieser Treppe machen sie zu einem unverzichtbaren Ziel für Reisende aus aller Welt.

Die Spanische Treppe, bekannt als „Scalinata di Trinità dei Monti", verbindet nicht nur den Piazza di Spagna mit der majestätischen Trinità dei Monti Kirche, sondern auch Vergangenheit mit Gegenwart. Die Treppe wurde im 18. Jahrhundert als künstlerische Verbindung zwischen dem französischen und spanischen Erbe Roms entworfen.

Die Treppe wurde 1725 fertiggestellt und erstrahlt bis heute im barocken Glanz. Doch sie ist nicht nur ein Relikt vergangener Zeiten – die Stufen der Spanischen Treppe haben auch das Flüstern von Modelegenden und den Applaus von Musikern gehört. Sie war Schauplatz von Modenschauen, Filmfestivals und kulturellen Veranstaltungen.

Mit ihren 135 Stufen und einer Höhe von 26 Metern ist die Spanische Treppe nicht nur ein beeindruckendes Bauwerk, sondern auch ein Ort der Inspiration. Die Treppe wurde von Francesco de Sanctis entworfen, aber ihr endgültiger Glanz verdankt sie der Kreativität von Alessandro Specchi.

Erklimmen Sie die Stufen der Treppe und lassen Sie den Atem der Geschichte auf sich wirken. Oben angekommen, werden Sie mit einem Panoramablick auf Rom belohnt – eine Szenerie, die die Stadt in ihrer ganzen Pracht zeigt.

Die Spanische Treppe vereint französisches und spanisches Erbe, verwebt Barock mit Moderne und schafft einen Ort, an dem die Zeit stillzustehen scheint. Sie ist nicht nur ein architektonisches Meisterwerk, sondern auch ein Symbol für die Verbindung von Kultur und Geschichte.

Historische Geschichten, als ob die Mauern flüstern könnten:

Die Geheime Romanze: Die Spanische Treppe diente oft als Ort für romantische Begegnungen. In den vergangenen Jahrhunderten waren die Stufen Zeuge heimlicher Liebesgeschichten zwischen Aristokraten und Künstlern. Die Umgebung der Treppe bot den perfekten Hintergrund für leidenschaftliche Verabredungen, die im Verborgenen blieben.

Kein Mangel an Inspiration: Die Spanische Treppe hat Künstler seit jeher inspiriert. Einer der berühmtesten Bewunderer war der englische Dichter John Keats, der in einem nahegelegenen Haus lebte und von der Schönheit der Treppe fasziniert war. In seinem Gedicht „Ode to a Nightingale“ erwähnte er die Treppe und ihren Einfluss auf seine kreative Muse.

Modeträume und Luxus: Im Laufe der Jahre war die Treppe der Ort für aufregende Modenschauen und glanzvolle Events. Berühmte Modehäuser wie Bulgari nutzten die beeindruckende Kulisse, um ihre Kollektionen zu präsentieren. Die Treppe wurde zu einem Laufsteg für Mode, Eleganz und Luxus.

Filmgeschichte am Fuße der Treppe: Die Spanische Treppe diente auch als Kulisse für einige bekannte Filme, darunter Federico Fellinis „La Dolce Vita“. Die ikonische Szene, in der Anita Ekberg im Trevi-Brunnen badet, hat die Treppe für immer mit dem Glanz des italienischen Kinos verbunden.

Die Tragödie von Wilhelm-Heinrich Wackenroder: Der deutsche Schriftsteller Wackenroder, verliebte sich während seines Aufenthalts in Rom in die Schönheit der Stadt und die Kunst. Doch seine Begeisterung wurde von einer schrecklichen Tragödie überschattet: Er stürzte von der Treppe und verletzte sich schwer, was letztlich zu seinem frühen Tod führte. Sein Schicksal verlieh der Treppe eine melancholische Aura.

Ein Treffpunkt der Kulturen: Im Laufe der Jahrhunderte wurde die Treppe zu einem Ort der Begegnung für Menschen aus aller Welt. Hier mischten sich unterschiedliche Sprachen, Kulturen und Lebenswege. Die Stufen wurden zu einem Symbol der globalen Verbindung und des kulturellen Austauschs.

Heute dient die Spanische Treppe als Kulisse für Künstler, Fotografen und Reisende, die einen Moment der Ruhe inmitten des quirligen Treibens der Stadt suchen. Die umgebenden Cafés und Geschäfte laden dazu ein, die Atmosphäre zu genießen und sich in den Charme der Vergangenheit und Gegenwart Roms zu vertiefen.

Highlights TIPP

Die Aussicht genießen: Nehmen Sie sich Zeit, um die atemberaubende Aussicht von der Spitze der Treppe zu bewundern. Der Blick über die Stadt, insbesondere bei Sonnenuntergang oder in den frühen Morgenstunden, ist magisch.

Kunst und Kultur: Auf den Stufen und umliegenden Plätzen finden oft kulturelle Veranstaltungen statt. Von Straßenmusikern bis hin zu temporären Kunstinstallationen gibt es immer etwas Spannendes zu entdecken.

Treppe erklimmen: Erklimmen Sie die Treppe selbst, um die beeindruckende Architektur und die beeindruckenden Details aus nächster Nähe zu bewundern.

So planen Sie Ihren Besuch, damit er zu einem schönen Erlebnis wird

Öffnungszeiten: Die Spanische Treppe ist normalerweise rund um die Uhr zugänglich, da sie sich in einer öffentlichen Gegend befindet. Es können jedoch temporäre Einschränkungen aufgrund von Veranstaltungen oder Wartungsarbeiten auftreten.

Beste Besuchszeiten: Die frühen Morgenstunden bieten eine ruhigere Atmosphäre und eine bessere Gelegenheit, die Treppe ohne die Menschenmengen zu genießen. Abends, besonders bei Sonnenuntergang, herrscht eine besondere Stimmung.

Besuchsdauer: Planen Sie etwa 30 Minuten bis 1 Stunde für Ihren Besuch ein. Die Zeit kann je nach Ihrem Interesse für die Aussicht, kulturelle Veranstaltungen und Entspannung variieren. Bitte beachten Sie, dass es verboten ist sich auf die Stufen zu setzen.

Tickets: Der Besuch ist kostenfrei und Sie benötigen kein Ticket.

Erlebnisse in der Umgebung: Die Spanische Treppe befindet sich in der Nähe der folgenden Erlebnisse:

#9 Trevi Brunnen
#17 Via dei Condotti
#24 Bar Caffe´Maneschi

Wie kommt man am besten hin: Die U-Bahn-Station „Spagna“ (Linie A) liegt direkt in der Nähe der Treppe. Alternativ können Sie die die Spanische Treppe über die Bushaltestelle „Trinita‘ Dei Monti“ erreichen.

Adresse: Piazza di Spagna, 00187 Rom, Italien.

#7 Circus Maximus

Tauchen Sie ein in die Welt der atemberaubenden Wagenrennen

Circus Maximus, ein Ort, an dem die Faszination der antiken Welt auf Sie wartet. Diese beeindruckende archäologische Stätte war einst das größte Sportstadion Roms und ist heute ein Schauplatz, der Besucher aus aller Welt anzieht.

Der Circus Maximus wurde im 6. Jahrhundert v. Chr. geschaffen und entwickelte sich im Laufe der Jahrhunderte zu einem Zentrum der Unterhaltung und politischen Inszenierungen. Hier erlebten die Römer spektakuläre Wagenrennen und religiöse Zeremonien, die das Publikum fesselten.

Mit einer Länge von etwa 600 Metern und einer Breite von 140 Metern konnte der Circus Maximus Tausende von Zuschauern aufnehmen. Die Arena war Schauplatz für atemberaubende Wagenrennen, die mit großer Leidenschaft von den Römern verfolgt wurden.

Der Circus Maximus spielte eine wich-

tige Rolle in der römischen Geschichte und Politik. Die Wagenrennen dienten nicht nur der Unterhaltung, sondern wurden auch von Kaisern genutzt, um ihr Ansehen zu stärken und politische Botschaften zu vermitteln.

Historische Geschichten, als ob die Mauern flüstern könnten:

Rasende Rivalitäten: Die Wagenrennen im Circus Maximus waren mehr als nur sportliche Ereignisse - sie waren ein Spiegelbild der politischen und sozialen Stimmung Roms. Die vier Fraktionen, bekannt als „Blues“, „Greens“, „Reds“ und „Whites“, hatten leidenschaftliche Anhänger, die ihre Farben mit Hingabe unterstützten. Diese Rivalitäten führten oft zu heftigen Auseinandersetzungen zwischen den Fans.

Kaiserliche Inszenierungen: Die Kaiser Roms nutzten den Circus Maximus geschickt für ihre politischen Ziele. In spektakulären Inszenierungen präsen-

AUF EINEN BLICK

Öffentlich zugänglich

0,5 bis 1 Stunde

Kostenfrei

Via del Circo Massimo

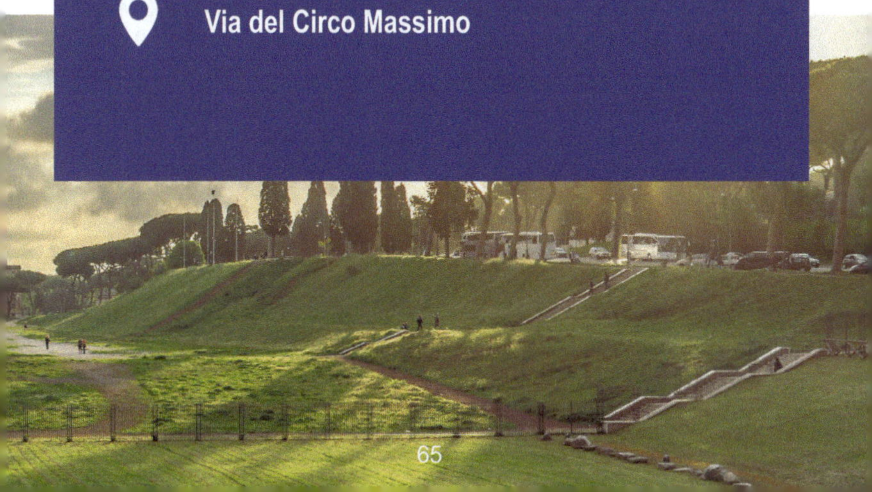

tierten sie sich als Helden und Retter der Bevölkerung, um ihre Macht zu festigen. Diese Veranstaltungen waren eine Mischung aus Unterhaltung und Propaganda, die das Volk beeinflussten.

Mysteriöse Opfergaben: Der Circus Maximus war nicht nur ein Ort der Unterhaltung, sondern auch des Glaubens. Während der Spiele wurden oft Opfergaben an die römischen Götter dargebracht, um ihre Gunst zu erlangen. Diese Rituale zeugen von der tiefen Verbindung zwischen Religion und Alltag im antiken Rom.

Kaiserliche Ambitionen: Kaiser Nero, bekannt für seine exzentrische Natur, ließ den Circus Maximus für seine eigenen Bedürfnisse umgestalten. Er baute sogar einen gigantischen künstlichen See für maritime Schlachten im Stadion. Diese extravaganten Entscheidungen zeigten seine Macht und Verschwendungssucht.

Ende einer Ära: Der Niedergang des Circus Maximus begann mit dem Verfall des römischen Reiches. Im Mittelalter diente er als Steinbruch, und seine einstige Pracht verblasste. Diese Veränderungen spiegeln die turbulenten Zeiten wider, die das Ende des antiken Roms kennzeichneten.

Heute können Besucher die faszinierenden Überreste dieses historischen Ortes erkunden. Die Fläche wird für kulturelle Veranstaltungen genutzt, die die einstige Atmosphäre der Spiele und Rennen wieder aufleben lassen.

Highlights TIPP

Die Ausmaße des Stadions: Staunen Sie über die riesigen Abmessungen des Circus Maximus. Versuchen Sie, sich vorzustellen, wie in der Antike Tausende von Menschen hier versammelt waren, um die aufregenden Wagenrennen zu sehen.

Besucherperspektive: Betrachten Sie den Circus Maximus aus verschiedenen Blickwinkeln. Stellen Sie sich vor, wie die Zuschauerplätze gefüllt waren und die Wagen mit hoher Geschwindigkeit um die Bahn rasten.

Archäologische Überreste: Beachten Sie die Überreste der Wagenrennbahn und der Tribünen. Diese Überbleibsel bieten einen faszinierenden Einblick in die antike Architektur und die technischen Fähigkeiten der Römer.

So planen Sie Ihren Besuch, damit er zu einem schönen Erlebnis wird

Öffnungszeiten: Der Circus Maximus ist normalerweise rund um die Uhr zugänglich, da sie sich in einer öffentlichen Gegend befindet. Es können jedoch temporäre Einschränkungen aufgrund von Veranstaltungen auftreten.

Beste Besuchszeiten: Die besten Zeiten für einen Besuch sind normalerweise früh morgens oder spätnachmittags. Diese Zeiten bieten angenehme Temperaturen und weniger Besucher, was Ihnen ermöglicht, die Atmosphäre besser zu genießen.

Besuchsdauer: Planen Sie etwa 30 Minuten bis 1 Stunde für Ihren Besuch ein. Dies reicht aus, um die Highlights zu sehen und die Geschichte des Ortes aufzunehmen.

Tickets: Sie können die Attraktion kostenfrei besuchen und benötigen kein Ticket.

Sonnenschutz & bequeme Schuhe: Da der Circus Maximus im Freien liegt und sehr weitläufig ist denken Sie an Sonnenschutz und tragen Sie bequeme Schuhe.

Erlebnisse in der Umgebung: Der Circus Maximus befindet sich in der Nähe der folgenden Erlebnisse:

#1 Das Kolosseum
#2 Das Forum Romanum
#3 Der Palatin
#10 Parco Savello

Wie kommt man am besten hin: Der Circus Maximums ist bequem über die Metro Haltestelle „Circo Massimo" (Linie B) oder über die Bushaltestelle „Circo Massimo/Roseto Comunale" erreichbar.

Adresse: Via del Circo Massimo, 00186 Rom, Italien.

#8 Die Caracalla-Thermen

Wo antike Pracht und luxuriöses Badevergnügen zu neuem Leben erwachen

Tauchen Sie ein in die faszinierende Welt der römischen Badekultur, indem Sie die majestätischen Caracalla-Thermen erkunden.

Die Caracalla-Thermen wurden zwischen 212 und 216 n. Chr. errichtet und zeugen von der Raffinesse und dem Anspruch des römischen Imperiums. Diese opulenten Bäder waren nicht nur Orte der Körperpflege, sondern auch Zentren der Kultur und des sozialen Lebens.

Die Thermen erstreckten sich über eine beeindruckende Fläche und boten alles, was das römische Herz begehrte: von Schwimmbecken und Saunen bis hin zu Sportstätten und einem kleinen Theater. Sie waren nicht nur Oasen der Reinigung, sondern auch Schauplätze für Gespräche, Erholung und Unterhaltung. Die Caracalla-Thermen waren nicht nur für die römische Gesellschaft von Bedeutung, sondern beeinflussten auch spätere Generationen von Architekten und Künstlern. Heute sind sie ein Fenster in die Vergangenheit, das Besuchern ermöglicht, die Kultur und den Glanz des antiken Roms hautnah zu erleben.

Die Caracalla-Thermen beeindrucken durch ihre erstaunliche Architektur, reich verzierte Mosaiken und Skulpturen, die einen Hauch von Luxus und Eleganz vermitteln. Hier können Sie in die Lebensweise der Römer eintauchen und die einzigartige Ästhetik ihrer Zeit erleben.

Historische Geschichten, als ob die Mauern flüstern könnten:

Ein kaiserlicher Luxus: Die Caracalla-Thermen wurden auf Befehl des römischen Kaisers Caracalla erbaut, der einen Hang zur Verschwendung und zum luxuriösen Lebensstil hatte. Es wird erzählt, dass er den Bau der Thermen in Auftrag gab, um sich selbst und seinem Volk zu imponieren. Die Dimensionen und die Pracht der Anlage spiegeln diese extravagante Haltung wider.

Ort der Kultur und des Spektakels:
Die Thermen waren nicht nur Bäder, sondern auch Zentren der Kultur und des gesellschaftlichen Lebens. Hier wurden Theateraufführungen, musikalische Darbietungen und sogar sportliche Wettkämpfe veranstaltet. Die Räu-

AUF EINEN BLICK

Vorbuchung nicht notwendig

1 bis 2 Stunden

Tickets ab 8 Euro, bis 18 Jahre kostenfrei

Via delle Terme di Caracalla 52

me, die einst von dampfenden Bädern erfüllt waren, erstrahlten bei solchen Veranstaltungen in einem anderen Licht.

Der Vandalensturm: Im Jahr 455 n. Chr. wurden die Caracalla-Thermen von den Vandalen geplündert. Dieses Ereignis markierte nicht nur den Verfall der Thermen, sondern auch einen Wendepunkt in der Geschichte Roms. Die Pracht und der Glanz der Thermen wurden durch die Plünderung stark beeinträchtigt.

Highlights TIPP

Die Haupthallen: Erkunden Sie die beeindruckenden Überreste der zentralen Badehallen, in denen einst luxuriöse Bäder und soziale Treffen stattfanden. Bewundern Sie die imposanten Säulen und die beeindruckende Architektur.

Mosaiken und Fresken: Achten Sie auf die gut erhaltenen Mosaiken und Fresken, die die Wände der Thermen schmücken. Diese kunstvollen Details vermitteln einen Eindruck von der Pracht und dem Stil des römischen Lebens.

Heizungssysteme: Informieren Sie sich zu den komplexen Heizungssystemen, die einst die Thermen beheizten. Diese technischen Innovationen sind ein Zeichen für das fortschrittliche Wissen der antiken Römer.

Gärten und Landschaft: Schlendern Sie durch die Gärten und Landschaften, die einst die Umgebung der Thermen verschönerten. Stellen Sie sich vor, wie die Römer hier Ruhe und Erholung genossen haben.

Blick auf das Kolosseum: Genießen Sie den Blick auf das nahegelegene Kolosseum von den erhöhten Positionen der Thermen aus. Dieser Anblick vermittelt ein Gefühl für die räumliche Verbindung zwischen den historischen Stätten.

So planen Sie Ihren Besuch, damit er zu einem schönen Erlebnis wird

Öffnungszeiten: Die Caracalla-Thermen sind ganzjährig zwischen 08:30-16:30 Uhr geöffnet. Je nach Jahreszeit verlängern sich die Öffnungszeiten nachmittags um 1-3 Stunden. Am 1. Januar sowie dem 25. Dezember bleiben die Caracalla-Thermen geschlossen. Die aktuellen Öffnungszeiten finden Sie jederzeit unter:
coopculture.it/en/poi/baths-of-caracalla/

Achtung! Der letzte Einlass erfolgt eine Stunde vor Schuss (bei kurzen Öffnungszeiten entspricht dies 15:30 Uhr). Montags ist ein Besuch nicht zu empfehlen, da vormittags einige Teile unzugänglich sind und die Öffnungszeiten auf 14:00 Uhr (Einlass bis 13:00 Uhr) verkürzt sind.

Beste Besuchszeiten: Die besten Zeiten für einen Besuch sind normalerweise früh morgens. Diese Zeiten bieten angenehmere Temperaturen und weniger Besucher.

Tickets: Tickets erhalten Sie direkt vor Ort, aktuell gelten folgenden Preise:

- 8,00 Euro für Erwachsene
- 2,00 Euro für EU-Bürger zwischen 18-25 Jahren
- Kostenfrei für Kinder und Jugendliche unter 18 Jahren

Bequeme Kleidung und Schuhe: Die Caracalla-Thermen sind weitläufig und erfordern viel Fußweg. Tragen Sie am besten bequeme Schuhe und lockere Kleidung.

Wasser und Sonnenschutz: Die Anlage ist größtenteils im Freien. Vergessen Sie nicht Ihren Sonnenschutz und ausreichend Wasser einzupacken.

Erlebnisse in der Umgebung: Die Caracalla Thermen befinden sich in der Nähe der folgenden Erlebnisse:

#7 Circus Maximus
#19 Parco Savello
#29 Pizzeria Remo A Testaccio

Wie kommt man am besten hin: Sie erreichen die Carcalla Themen am besten über die Bushaltestelle „Terme Caracalla". Alternativ können Sie zur Metro Haltestelle „Circo Massimo" (Line B) und von innerhalb von 10 Minuten zu Fuß laufen.

Adresse: Via delle Terme di Caracalla, 52, 00153 Rom, Italien.

#9 Trevi Brunnen

Den ewigen Zauber der römischen Wasserwelten erleben

AUF EINEN BLICK

- Öffentlich zugänglich
- 30 Minuten
- Kostenfrei
- Piazza di Trevi

Der Trevi-Brunnen ist ein faszinierendes Meisterwerk der barocken Kunst. Er ist nicht nur ein beeindruckendes architektonisches Wahrzeichen, sondern auch ein Ort voller Romantik und Legenden.

Die Geschichte des Trevi-Brunnens begann im Jahr 1732 unter der Leitung von Nicola Salvi, einem talentierten Architekten und Künstler. Sein Design wurde von der antiken Mythologie inspiriert und sollte die Pracht des Barockstils zum Ausdruck bringen.

Dieses beeindruckende Kunstwerk wurde im Jahr 1762 fertiggestellt und gehört zur späten Barockzeit. Die kreative Vision von Künstlern wie Nicola Salvi und Pietro Bracci hat den Brunnen zu dem gemacht, was er heute ist.

Über die Jahrhunderte hinweg war der Trevi-Brunnen oft Schauplatz wichtiger Veranstaltungen und Feierlichkeiten. Er hat als Kulisse für bedeutende historische Ereignisse gedient und war ein Ort kultureller Zusammenkünfte.

Mit einer Höhe von etwa 26,3 Metern und einer Breite von 49,15 Metern beeindruckt der Brunnen durch seine imposante Größe.

Die imposante Skulptur des Meeresgottes Neptun auf einem Wagen, gezogen von majestätischen Pferden, wird von Meereswesen flankiert. Diese Darstellung verleiht dem Brunnen eine lebendige und dynamische Ausstrahlung.

Ursprünglich diente der Trevi-Brunnen als Wasserquelle und symbolisches Element inmitten Roms. Er verkörperte den Reichtum und die künstlerische Pracht der Stadt.

Im 19. Jahrhundert trug der Brunnen zur kulturellen Renaissance Roms bei. Heutzutage ist er ein Sinnbild für Romantik, Kunst und die reiche Geschichte der Stadt.

Tauchen Sie ein in die romantische Atmosphäre und erleben Sie die einzigartige Verbindung von Kunst, Geschichte und Wünschen an diesem zauberhaften Ort.

Historische Geschichten, als ob Neptun flüstern könnte:

Die Legende der Münzwürfe: Die wohl bekannteste Geschichte ist die des Münzwurfs. Es heißt, wer eine Münze mit der rechten Hand über die linke Schulter in den Trevi-Brunnen wirft, wird sicher nach Rom zurückkehren. Zwei Münzen bedeuten eine neue Romanze, und drei Münzen führen zur Hochzeit. Tag für Tag werden Tausende von Münzen in den Brunnen geworfen, und die Stadt spendet das Geld wohltätigen Zwecken.

Die Entstehung der Neptun-Skulptur: Die majestätische Skulptur von Neptun, dem Meeresgott, die auf dem Trevi-Brunnen thront, birgt eine faszinierende Geschichte. Während des Baus sollte die Statue von Papst Clemens XII. gekrönt werden. Der Künstler Giovanni Bracci wurde jedoch kurz vor der Fertigstellung krank. Der junge Bildhauer Paolo Persico vollendete die Skulptur auf bewundernswerte Weise und rettete damit das Kunstwerk vor einem potenziellen Abbruch.

Ein Filmklassiker und der Trevi-Brunnen: Der Trevi-Brunnen erlangte weltweite Bekanntheit durch den Film „La Dolce Vita" von Federico Fellini aus dem Jahr 1960. Die ikonische Szene, in der Anita Ekberg in einem Abendkleid im Brunnen badet, wurde zur Legende. Diese Verbindung zwischen Filmkunst und dem Brunnen hat dazu beigetragen, seine Anziehungskraft noch weiter zu steigern.

Der Skandal um den Brunnen: Während der Bau des Trevi-Brunnens war nicht alles harmonisch. Es gab damals Kontroversen über den Bauplatz und die Finanzierung. Architekt Nicola Salvi setzte sich jedoch durch und schuf ein Meisterwerk, das heute als Symbol für Rom und seine Kunstfertigkeit steht.

Highlights TIPP

- Unbedingt eine Münze in den Brunnen werfen!
- Der Trevi-Brunnen ist von charmanten Plätzen und Sehenswürdigkeiten umgeben: nehmen Sie sich Zeit, die umliegenden Gassen, Cafés und Geschäfte zu erkunden.
- Als besonderes Highlight können Sie Ihren Besuch mit der abendlichen Stadtrundfahrt verbinden

So planen Sie Ihren Besuch, damit er zu einem schönen Erlebnis wird

Öffnungszeiten: Der Trevi Brunnen ist normalerweise rund um die Uhr zugänglich, da er sich in einer öffentlichen Gegend befindet.

Beste Besuchszeiten: In den frühen Morgenstunden und rund um Mitternacht ist mit dem geringsten Besucheraufkommen zu rechnen. Gerade nachts ist der Brunnen sehr schön beleuchtet und bietet daher eine besonders romantische Atmosphäre.

Tickets: Der Eintritt zum Trevi-Brunnen ist frei. Achten Sie auf Betrüger, die möglicherweise versuchen, für den Zugang zu kassieren.

Besuchsdauer: Etwa 30 Minuten, je nachdem, ob Sie nur eine Münze werfen oder länger dort verweilen möchten.

Erlebnisse in der Umgebung: Der Trevi Brunnen befindet sich in der Nähe der folgenden Erlebnisse:

#4 Das Pantheon
#6 Spanische Treppe
#17 Via dei Condotti
#39 Palazzo Barberini

Wie kommt man am besten hin: Die nächstgelegene Metro Station ist „Barberini“ (Linie A), sie ist etwa 10 Gehminuten entfernt. Alternativ erreichen Sie den Trevi Brunnen von der Bushaltestelle „Tritone/Fontana Trevi“ in 3-4 Gehminuten.

Adresse: Piazza di Trevi, 00187 Rom, Italien.

#10 Die Piazza Navona

Die Barocke Schönheit bewundern und das lebendige Treiben Roms beobachten

Die Piazza Navona zählt zweifellos zu den eindrucksvollsten Plätzen Roms. Die Piazza begeistert mit einer beeindruckenden barocken Architektur, einem prächtigen Brunnen sowie einer pulsierenden Atmosphäre.

Die Geschichte der Piazza Navona reicht tief in die Vergangenheit zurück. Der Platz wurde auf den Ruinen des antiken Stadions Domitian errichtet, das einst Austragungsort von Wettkämpfen und Festlichkeiten war. Im 17. Jahrhundert erfuhr die Piazza eine prächtige barocke Umgestaltung unter der Schirmherrschaft von Papst Innozenz X.

Die barocke Ära prägt die Piazza Navona bis heute. Drei majestätische Brunnen zieren den Platz, darunter der beeindruckende Vier-Ströme-Brunnen von Gian Lorenzo Bernini. Diese künstlerischen Meisterwerke verleihen der Piazza eine faszinierende Aura und machen sie zu einem wahren visuellen Genuss.

AUF EINEN BLICK

Öffentlich zugänglich

30 Minuten

Kostenfrei

Piazza Navona

Die Piazza Navona war einst ein Zentrum für Veranstaltungen, Paraden und Versammlungen. Heute pulsiert sie mit Leben, umgeben von charmanten Cafés, Restaurants und Geschäften.

Historische Geschichten, als ob die Mauern flüstern könnten:

Das antike Stadion: Unter der heutigen Piazza Navona verbirgt sich das antike Stadion Domitian, in dem einst atemberaubende Wettbewerbe und sportliche Veranstaltungen stattfanden. Die Dimensionen und Strukturen des antiken Stadions sind zwar nicht mehr sichtbar, doch seine Präsenz ist in den Grundmauern und dem Layout des Platzes spürbar.

Berninis Wettbewerb: Die Piazza Navona war Schauplatz eines künstlerischen Wettbewerbs, der die Geschichte der Kunst prägte. Der legendäre Bildhauer Gian Lorenzo Bernini wurde beauftragt, den Vier-Ströme-Brunnen zu gestalten, der heute das Herzstück des Platzes bildet. Die Geschichte erzählt von der Rivalität zwischen Bernini und seinem Konkurrenten Francesco Borromini, die sich in ihren kreativen Ansätzen und Stilrichtungen unterschieden.

Der Obelisk des Circus Maximus: Ein imposanter ägyptischer Obelisk, der einst im Circus Maximus stand, wurde auf die Piazza Navona verlegt. Dieser Obelisk, bekannt als Obelisco Agonale, steht heute im Zentrum der Piazza und erinnert an die Verbindung des Platzes zur antiken Römischen Geschichte.

Weihnachtsmarkttradition:
Die Piazza Navona ist auch für ihre jahrhundertealte Weihnachtsmarkt-Tradition bekannt. Seit dem 17. Jahrhundert werden hier zu Weihnachten Stände aufgebaut, die Kunsthandwerk, Süßigkeiten und Geschenke anbieten. Diese Tradition, die bis heute fortlebt, verleiht der Piazza während der Feiertage eine ganz besondere Atmosphäre.

Highlights TIPP

Die Fontana dei Quattro Fiumi (Vier-Ströme-Brunnen): Dieser imposante Brunnen in der Mitte der Piazza wurde von Gian Lorenzo Bernini geschaffen und repräsentiert vier Flüsse – Nil, Ganges, Donau und Rio de la Plata. Die Skulpturen auf dem Brunnen verkörpern die Kontinente und ihre Kulturen.

Sant'Agnese in Agone: Die barocke Kirche am Rande der Piazza, erbaut von Francesco Borromini, beeindruckt mit ihrer Architektur und reich verzierten Fassade. Sie bietet auch einen Einblick in religiöse Kunstwerke vergangener Zeiten.

Fontana del Moro (Moor-Brunnen) und Fontana del Nettuno (Neptun-Brunnen): Diese beiden Brunnen vervollständigen das Ensemble auf der Piazza Navona. Der Moor-Brunnen zeigt eine Skulptur eines jungen Mannes, der mit einem Delfin kämpft, während der Neptun-Brunnen den Meeresgott Neptun darstellt.

Cafés, Restaurants und Geschäfte: Die Piazza bietet eine Vielzahl von Cafés, Restaurants und Geschäften, die zum Verweilen einladen. Genießen Sie einen Café und beobachten Sie das bunte Treiben auf dem Platz.

Die Piazza Navona wird oft für öffentliche Veranstaltungen, Märkte und Festivals genutzt. Informieren Sie sich über aktuelle Ereignisse und genießen Sie die lebendige Atmosphäre.

So planen Sie Ihren Besuch, damit er zu einem schönen Erlebnis wird

Öffnungszeiten: Die Piazza Navona ist normalerweise rund um die Uhr zugänglich, da sie sich in einer öffentlichen Gegend befindet.

Beste Besuchszeiten: Die Piazza Navona ist tagsüber und abends gleichermaßen beeindruckend. Eine besonders reizvolle Atmosphäre entfaltet sich am späten Nachmittag und in den frühen Abendstunden. In den frühen Morgenstunden und rund um Mitternacht ist mit dem geringsten Besucheraufkommen zu rechnen.

Besuchsdauer: Planen Sie etwa 0.5 bis 1 Stunde ein, um die Piazza zu erkunden. Wenn Sie die umliegenden Sehenswürdigkeiten, Cafés, Restaurants und Geschäfte erkunden möchten, sollten Sie etwa 1 bis 3 Stunden einplanen.

Tickets: Der Zugang zur Piazza Navona ist kostenfrei.

Erlebnisse in der Umgebung: Die Piazza Navona befindet sich in der Nähe der folgenden Erlebnisse:

#4 Das Pantheon
#14 Campo de' Fiori
#27 Frigidarium

Wie kommt man am besten hin: Die Piazza Navona ist fast unmittelbar per Bus über die Haltestellen „Senato" und „Rinascimento" erreichbar. Die nächstgelegene U-Bahn-Station ist „Spagna" (Linie A). Von dort aus ist es ein etwa 20-minütiger Spaziergang zur Piazza.

Adresse: Piazza Navona, 00186 Rom, Italien.

#11 Free Walking Tour

Schritte durch die Zeit: Das Historische Zentrum und das Antike Roms zu Fuß erkunden

In Rom haben Sie die Möglichkeit, die bedeutendsten Sehenswürdigkeiten der Stadt auf interaktiven und kostengünstigen „Free Walking Tours" zu erkunden. Bei diesen Touren wird Ihnen von erfahrenen Tourguides die Geschichte und Kultur Roms nähergebracht, während Sie zu Fuß unterwegs sind.

Die Besonderheit der Free Walking Tours liegt darin, dass sie in der Regel kostenlos angeboten werden. Es ist jedoch üblich und eine nette Geste, dem Tourguide am Ende der Tour ein Trinkgeld zu geben. Dieses kann je nach Zufriedenheit und Ihrem eigenen Budget zwischen 10 und 50 Euro variieren. Da die Tourguides an den Trinkgeldern interessiert sind, sind sie besonders motiviert, die Tour zu einem unvergesslichen Erlebnis für die Teilnehmer zu machen. In der Regel fallen keine weiteren Kosten für Eintrittsgelder an, da die meisten Touren an frei zugänglichen Orten der Stadt stattfinden.

Das erwartet Sie: Free Walking Touren bieten Ihnen die Möglichkeit mehr über die Geschichte, Fakten, Mythen und Legenden der besuchten Orte zu erfahren. Die Touren werden hauptsächlich in Englisch angeboten und in kleinen Gruppen von etwa 10-20 Personen durchgeführt. Diese Gruppengröße ermöglicht es Ihnen, die Tour in vollen Zügen zu genießen und Fragen in aller Ruhe zu stellen. Die meisten Touren haben eine Dauer von etwa 1,5 bis 3 Stunden.

Die Free Walking Tours decken verschiedene Orte und Sehenswürdigkeiten in Rom ab und sind zu unterschiedlichen Tageszeiten buchbar. Im Folgenden finden Sie einige empfehlenswerte Touren.

Highlight Touren TIPP

„Alle Straßen führen nach Rom" (2 Stunden): Diese Tour führt Sie durch das Antike Rom und zu einigen beeindruckenden Sehenswürdigkeiten, darunter der Palatin Hügel, den Aventin, das Circus Maximus und den Mund der Wahrheit. Buchung unter: bit.ly/rom-walking-1

„Nick's kostenloser Nachtrundgang durch Rom" (2,5 Stunden): Das Historische Zentrum von Rom erstrahlt nachts in besonderem Zauber. Auf dieser Tour entdecken Sie den wunderschön beleuchteten Trevi-Brunnen und die romantische Spanische Treppe auf eine einzigartige Weise. Buchung unter: bit.ly/rom-walking-2

„Krimi-Tour durch Rom: Wer hat Caravaggio getötet?“ (2 Stunden): Diese Tour führt Sie durch das historische Zentrum von Rom in kleinen Gruppen von höchstens sechs Personen. Während der Tour besuchen Sie historische Plätze und Bauwerke und erfahren spannende Geschichten über einen der bedeutendsten Maler, Caravaggio. Buchung unter: bit.ly/rom-walking-3

Abgesehen von den zuvor empfohlenen Touren stehen Ihnen noch zahlreiche weitere Anbieter zur Verfügung. Falls keine der empfohlenen Touren Ihren Vorstellungen entspricht, können Sie online nach „Free Walking Tour Rom“ suchen, um weitere Alternativen zu finden.

So planen Sie Ihren Besuch, damit er zu einem schönen Erlebnis wird

Tickets: Die meisten Touren erfordern eine Online-Buchung im Voraus, da die Plätze sehr gefragt sind empfehlen wir so früh wie möglich zu buchen. Die Teilnahme an den Touren selbst ist in der Regel kostenlos, jedoch ist es üblich und höflich, dem Tourguide am Ende ein Trinkgeld von mindestens 10-20 Euro pro Person zu geben. In der Regel fallen keine weiteren Kosten für Eintrittsgelder an, da die meisten Touren an frei zugänglichen Orten der Stadt stattfinden. Bitte überprüfen Sie dies jedoch für Ihre gewünschte Tour direkt beim Anbieter.

Wie kommt man am besten hin: Der Treffpunkt ist auf der Buchungsseite angegeben.

#12 Eine Rad Tour durch Rom

Entdecken Sie Rom auf 2 Rädern mit einer geführten Rad-Tour

Rom, mit seinen zahlreichen Sehenswürdigkeiten, benötigt normalerweise mehr Zeit, als der Reiseplan manchmal erlaubt. In solchen Momenten ist eine Fahrradtour eine empfehlenswerte Option.

Das erwartet Sie: Mit einer Fahrradtour kommen Sie schnell und bequem von einer Sehenswürdigkeit zur nächsten. Dabei bekommen Sie einen sehr guten Überblick von der Stadt, Sie kommen an verschiedenen Sehenswürdigkeiten vorbei und sind dabei noch aktiv. Außerdem bietet sich eine Fahrradtour an, wenn Sie die Stadt auch abseits der Touristenpfade und der großen Sehenswürdigkeiten erkunden möchten. Da der Verkehr in Rom sehr chaotisch ist, lohnt es sich eine geführte Radtour zu buchen. So müssen Sie sich keine Sorge um die Route machen und bekommen zeitgleich tolle Einblicke durch einen Guide. Bitte beachten Sie, dass die meisten Touren auf Englisch angeboten werden. Im Folgenden finden Sie einige empfehlenswerte Touren.

Highlight Touren TIPP

„Fahren Sie in Richtung Sonnenaufgang“ (3 Stunden, 59 Euro): In den frühen Morgenstunden können Sie Rom wunderbar ohne Menschenmassen erleben. Um 6 Uhr morgens geht es los und Sie entdecken mit Ihrem Guide neben den beliebten Orten der Stadt einige versteckte Juwelen. Genießen Sie die Sonne über dem Forum Romanum und fahren Sie dann über Trastevere in Richtung Gianicolo Hügel, wo Sie ein italienisches Frühstück genießen können. Die Tour endet mit einem Besuch der Spanischen Treppe und des Trevi-Brunnens. Buchung unter: bit.ly/rom-rad-1

„Die nicht-touristische Fahrradtour in Rom“ (3 Stunden, 69 Euro): Fahren Sie mit Amandino durch Rom und lauschen Sie seinen Geschichten. Sie starten am Campo dei Fiori und fahren über die Piazza Trilussa in Richtung Circus Maximus. Dazwischen machen Sie immer mal wieder einen Stopp, um lokale Köstlichkeiten zu probieren. Buchung unter: bit.ly/rom-rad-2

„Via Appia Antica & Olivenöl-Verkostung“ (4 Stunden, 300 Euro für 2 Teilnehmer): Sie radeln entlang der Via Appia durch die friedliche römische Landschaft. Vorbei an antiken Ruinen wie dem Mausoleum von Cecilia

Metella und römischen Aquädukten. Das Highlight ist eine geführte Olivenölverkostung in einem typischen lokalen Bauernhof. Buchung unter: bit.ly/rom-rad-3

So planen Sie Ihren Besuch, damit er zu einem schönen Erlebnis wird

Tickets: Die meisten Touren erfordern eine Online-Buchung im Voraus, da die Plätze sehr gefragt sind empfehlen wir so früh wie möglich zu buchen. In der Regel ist in der Buchung auch immer das Fahrrad sowie ein Helm inkludiert. Je nach Tour sind auch Getränke und Speisen im Preis enthalten. Denken Sie besonders im Sommer daran, zusätzlich ein Getränk für die Fahrt mitzunehmen.

Wie kommt man am besten hin: Der Treffpunkt ist auf der Buchungsseite angegeben.

Dolce Vita

Eintauchen in das faszinierende Treiben und die Stadt wie ein Römer erleben

Scannen Sie den QR Code um zur digitalen Karte zu gelangen

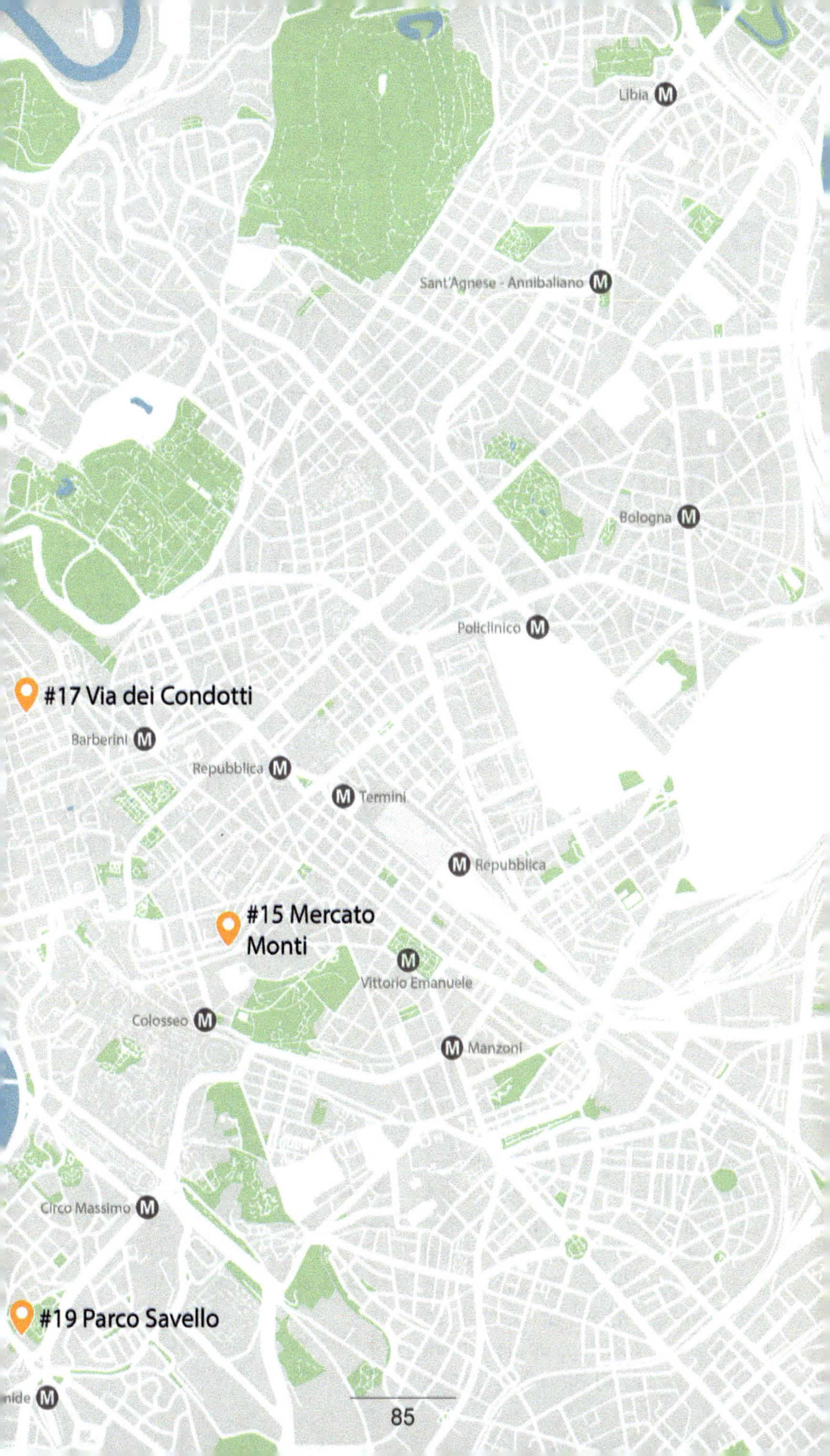
Libia
Sant'Agnese - Annibaliano
Bologna
Policlinico
#17 Via dei Condotti
Barberini
Repubblica
Termini
Repubblica
#15 Mercato Monti
Vittorio Emanuele
Colosseo
Manzoni
Circo Massimo
#19 Parco Savello
nide

#13 Bar San Calisto

Typisch Rom: mit Cappuccino und Cornetto in der Bar San Calisto den Tag beginnen

Wie wäre es, wenn Sie den Tag wie ein echter Römer in einer Café Bar beginnen? Im Herzen des lebhaften Viertels Trastevere finden Sie die Bar San Calisto. Es ist früher Morgen, und die Bar öffnet ihre Türen für ein unvergessliches Erlebnis. Hier beginnt der Tag nicht einfach – er entfaltet sich in einer Mischung aus köstlichen Aromen und römischer Atmosphäre.

Absolute Empfehlung

TIPP

Die Bar ist ein Ort, den Romani und Reisende gleichermaßen lieben. Hier erleben Sie das authentische italienische Café-Leben. Das Herzstück dieses Erlebnisses sind die exquisiten italienischen Kaffeespezialitäten und die frisch gebackenen Cornetti, die Sie probieren können. Ein Cappuccino, so perfekt zubereitet, dass er Sie sprachlos macht, begleitet von einem Cornetto, knusprig und verführerisch – das ist der Geschmack von Rom. Besonders zu empfehlen sind hier auch die Kaffee-Granitas mit Sahne, denn auch die Sahne ist hier noch hausgemacht.

Ambiente und Atmosphäre: Die Bar San Calisto ist die Kultbar mit dem Spirit aus dem Film „La Grande Bellezza“. In diesem Film von 2003 wurden im Innenraum der Bar entscheidende Filmszenen abgedreht.

Auf wunderbare Weise ist hier die Zeit stehen geblieben. Denn der Besitzer Marcello Forti hat seit den 60er Jahren, als er die Bar eröffnet hat, nichts mehr verändert. Wenn Sie Glück haben, bekommen Sie ein Plätzchen auf der wunderschönen Terrasse und kommen mit den Einheimischen ins Gespräch.

Preisniveau: Die Preise sind hier unschlagbar günstig, einen fantastischen Cappuccino bekommen Sie hier schon für einen Euro und wahrscheinlich der einzige Ort, an dem ein Aperol Spritz so günstig gemixt wird!

So planen Sie Ihren Besuch, damit er zu einem schönen Erlebnis wird

Öffnungszeiten: Die Bar San Calisto hat den ganzen Tag geöffnet und verwandelt sich von der Café Bar am Abend zu einem beliebten Hotspot für einen Aperitif. Hier trifft sich das kreative Rom zum Aperitivo.

Montag bis Samstag: 6 bis 2 Uhr
Sonntag: 7 bis 24 Uhr

Besuchsdauer: Planen Sie circa 30 Minuten für Ihren Besuch ein, um entspannt in den Tag zu starten.

Erlebnisse in der Umgebung: Die Bar San Calisto befindet sich in der Nähe der folgenden Erlebnisse:

#20 Piazza Trilussa
#35 Garten Orto Botanico

Wie kommt man am besten hin: Sie können beispielsweise die Tram Nummer 8 nehmen und an der Haltestelle „Trastevere“ aussteigen. Von da ist es lediglich noch ein kurzer Spaziergang.

Adresse: Piazza di San Calisto 3, 00153 Rom, Italien.

Website: barsancalisto.it

Die Bar San Calisto ist nicht nur ein Café; sie ist ein Erlebnis, das Sie in Rom nicht verpassen sollten.

- Ohne Reservierung
- 30 Minuten
- Preiswert
- Vegetarische Optionen
- Piazza di San Calisto 3

AUF EINEN BLICK

#14 Campo de‘ Fiori

Das pulsierende Rom auf dem Wochenmarkt erleben

Entdecken Sie die Stadt aus einer anderen Perspektive: Tauchen Sie ein in das bunte Treiben des Campo de‘ Fiori, einem der belebtesten Plätze in Rom und ein Hotspot für Einheimische und Weltenbummler gleichermaßen. Denn Wochenmärkte sind in Rom und anderen italienischen Städten nach wie vor beliebte Einkaufsziele für frische Lebensmittel und andere Waren.

Doch der Campo de‘ Fiori ist weit mehr als nur ein Markt - er ist ein sozialer Knotenpunkt. Beobachten Sie das geschäftige Treiben der Stadt und tauchen Sie ein in das pulsierende Leben Roms. In den Abendstunden verwandelt sich der Platz in ein beliebtes Ziel für Nachtschwärmer, da er von zahlreichen Restaurants und Bars umgeben ist.

Dieser Platz im Herzen des historischen Stadtzentrums birgt eine vielschichtige Geschichte, einst Schauplatz für öffentliche Hinrichtungen und politische Versammlungen. Heutzutage ist er berühmt für seinen täglichen Markt, der frische Lebensmittel, bunte Blumen, aromatische Gewürze, modische Kleidung und bezaubernde Souvenirs präsentiert.

Historische Ereignisse

Marktleben im Mittelalter: Schon im Mittelalter war Campo de‘ Fiori ein wichtiger Marktplatz in Rom. Die Tradition des Marktlebens hat bis heute überlebt, und der Platz ist berühmt für seinen lebhaften Markt, auf dem frische Produkte, Blumen und lokale Spezialitäten verkauft werden.

Die Gestaltung durch Papst Innozenz XIII: Im 17. Jahrhundert wurde der Platz von Papst Innozenz XIII. umgestaltet. Er ließ das barocke Palazzo de Cupis errichten, das heute Teil des städtischen Pantheons ist.

Der Alltag auf dem Platz: Campo de‘ Fiori war und ist immer noch ein lebendiger Treffpunkt für Einheimische und Touristen gleichermaßen. Der Platz wird von Restaurants und Cafés gesäumt, die ihn zu einem beliebten Ort für kulinarische Erlebnisse machen.

Künstler und Schriftsteller: Im Laufe der Jahrhunderte haben viele Künstler und Schriftsteller Campo de‘ Fiori als Inspirationsquelle genutzt. Es ist ein Ort, an dem die Atmosphäre der Stadt eingefangen und in Kunst und Literatur festgehalten wurde.

Was das Herz begehrt: Der Markt lockt mit einem facettenreichen Angebot, darunter knackiges Obst und Gemüse, verlockende italienische Gewürze, duftendes Olivenöl, köstlichem Käse, herzhafte Wurstwaren, frisches Brot und verführerische Backwaren sowie farbenfrohe Blumensträuße. Dieser Markt ist der ideale Ort, um frische Zutaten für ein romantisches Picknick oder charmante Souvenirs aus der „Ewigen Stadt“ zu erstehen.

Highlights TIPP

Der Markt selbst: Der lebendige Markt auf dem Campo de‘ Fiori ist ein Highlight. Hier finden Sie frische Produkte, Gemüse, Obst, Blumen und lokale Delikatessen. Das bunte Treiben und die Vielfalt der angebotenen Waren sind ein faszinierendes Erlebnis.

Das Denkmal für Giordano Bruno: Das Denkmal auf dem Platz erinnert

AUF EINEN BLICK

- **1 Stunde**
- **Bargeld empfohlen**
- **Vegetarische Optionen**
- **Campo de‘ Fiori**

an die Hinrichtung des Philosophen Giordano Bruno im Jahr 1600. Es ist ein wichtiger historischer Bezugspunkt auf dem Platz.

Die umliegenden Gebäude: Rund um Campo de' Fiori finden Sie historische Gebäude und Paläste, darunter der Palazzo della Cancelleria und der Palazzo Farnese. Diese beeindruckende Architektur verleiht dem Platz eine besondere Atmosphäre.

Kulinarische Köstlichkeiten: Verpassen Sie nicht die Gelegenheit, die frischen, warmen Pizzastücke zu probieren, die oft auf dem Markt verkauft werden. Diese Köstlichkeiten sind nicht nur lecker, sondern auch ein authentischer Vorgeschmack auf die römische Gastronomie zu erschwinglichen Preisen.

Der Campo de' Fiori-Markt ist ein Highlight für alle, die das authentische Lebensgefühl Roms erleben möchten. Schlendern Sie durch die Stände, kosten Sie lokale Spezialitäten und genießen Sie die lebendige Atmosphäre dieses historischen Ortes.

So planen Sie Ihren Besuch, damit er zu einem schönen Erlebnis wird

Achtung vor Taschendiebe und Touristenfallen: Der Campo de' Fiori ist ein beliebter Ort für Taschendiebe. Haben Sie ihre Wertgenstände jederzeit im Blick. Für eine authentische Erfahrung empfehlen wir Ihnen Stände mit großen Englischsprachigen Schildern mit Schriftzügen wie „Made in Italy" oder „Small Family Production" zu meiden.

Öffnungszeiten: Der Markt auf dem Campo de' Fiori erstrahlt normalerweise im morgendlichen Glanz und öffnet von Montag bis Samstag seine Pforten von 7 bis 14 Uhr.

Beste Besuchszeiten: Um die Menschenmassen zu vermeiden, besuchen Sie den Campo de' Fiori am besten früh morgens.

Bezahlung: Manche Händler bieten keine Kartenzahlung an, daher empfehlen wir Ihnen etwas Bargeld mitzunehmen.

Besuchsdauer: Planen Sie etwa 0.5 bis 1 Stunde ein, um den Campo de' Fiori zu erkunden. Wenn Sie die umliegenden Sehenswürdigkeiten, Cafés, Restaurants und Geschäfte erkunden möchten, sollten Sie etwa 1 bis 3 Stunden einplanen.

Erlebnisse in der Umgebung: Der Campo de' Fiori befindet sich in der Nähe der folgenden Erlebnisse:

#4 Das Pantheon
#10 Piazza Navona
#27 Frigidarium

Wie kommt man am besten hin: Der Campo de' Fiori ist am besten über die Bushaltestelle „C.So Vittorio Emanuele/Navona" erreichbar. Eine nahegelegene Metrohaltstelle gibt es nicht.

Adresse: Campo de' Fiori, 00186 Rom, Italien.

CARCIOFI
€ 1,20
L'UNO
PUNTARELLE CAPATE
€ 15,00
RAVANELLI
FAVA
Peppe
Battaglio

#15 Mercato Monti

Auf der Suche nach besonderen Fundstücken

Wenn Sie das echte kreative Rom erleben möchten, dann sollten Sie sich den Mercato Monti Urban Market nicht entgehen lassen. Dieser einzigartige Markt, ist ein wahres Paradies für Kunst- und Modebegeisterte. Seit 2009 zeigt sich hier das Schaffen römischer Kreativköpfe und ist ein Schaufenster für junge Designer und lokale Künstler, welche keine eigene Ladenfläche besitzen.

Dieser Markt überrascht mit seiner kreativen Fülle. Hier finden Sie Kleidungsstücke, Schmuck oder besondere Einrichtungs- und Dekorationsobjekte von aufstrebenden römischen Designern. Es ist der ideale Ort, um nach einem besonderen Souvenir zu suchen oder ein modisches Statement zu setzen. Dabei finden Sie hier auch nicht immer dieselben Aussteller, denn die Organisatoren sind stets auf der Suche nach neuen Ausstellern und Talenten und fördern deren Projekte.

Wie auf jedem Markt ist auch hier handeln erlaubt. Allerdings sollten Sie keine großen Preisnachlässe erwarten, meistens treffen Sie hier auf Nachwuchskünstler, welche damit ihren Lebensunterhalt finanzieren.

Die Atmosphäre auf dem Markt ist entspannt und lädt zum Entdecken ein. Tauschen Sie sich mit den Ausstellern aus, um noch mehr über den Römischen Lifestyle zu erfahren. Teilweise ist auch ein DJ vor Ort, der mit entspannter Musik zum Verweilen einlädt. Das Beste daran: da es sich um einen Indoor-Markt handelt, macht Ihnen auch der Regen bei diesem Erlebnis keinen Strich durch die Rechnung.

Besondere Empfehlung TIPP

Gönnen Sie sich die Freude, handgefertigten Schmuck und Accessoires zu entdecken. Diese Stücke sind oft Unikate von herausragender Qualität.

So planen Sie Ihren Besuch, damit er zu einem schönen Erlebnis wird

Öffnungszeiten: Bitte beachten Sie, dass der Markt immer nur von September bis Juni geöffnet hat. In diesen Monaten können Sie ihn an Samstagen und Sonntagen ab 10 Uhr morgens bis 20 Uhr abends besuchen.

Beste Besuchszeiten: Um die besten Fundstücke zu ergattern und dem Gedränge zu entgehen, ist es ratsam, früh zu kommen.

Besuchsdauer: Planen Sie etwa 30 Minuten bis 1 Stunde ein, um den Mercato Monti zu erkunden.

Bezahlung: Manche Händler bieten keine Kartenzahlung an, daher empfehlen wir Ihnen etwas Bargeld mitzunehmen.

Erlebnisse in der Umgebung: Der Mercato Monti befindet sich in der Nähe der folgenden Erlebnisse:

#1 Das Kolosseum
#2 Das Forum Romanum
#3 Der Palatin

Wie kommt man am besten hin: Der Mercato Monti ist am besten über die Metrohaltestelle „Cavour“ (Linie B) erreichbar.

Adresse: Grand Hotel Palatino, Via Leonina 46, Monti, Rom, Italien.

AUF EINEN BLICK

Ohne Reservierung

30 bis 60 Minuten

Bargeld notwendig

Grand Hotel Palatino
Via Leonina 46

#16

Via Cola di Rienzo

Eine Straße für Modeliebhaber

Tauchen Sie ein in das aufregende Einkaufsparadies der Via Cola di Rienzo! Diese lebendige Straße ist ein Muss für jeden, der in der Ewigen Stadt einkaufen möchte.

Die Via Cola di Rienzo erstreckt sich von den majestätischen Toren des Vatikans bis zur belebten Piazza del Popolo. Sie werden von einer beeindruckenden Vielfalt an Geschäften, Boutiquen und Märkten verzaubert sein. Von exquisiter Mode über zeitlose Juwelen bis hin zu verlockenden kulinarischen Genüssen gibt es hier alles, was das Herz begehrt.

Verlieren Sie sich in den Modeboutiquen und Schuhläden, in denen Sie die neuesten Trends der italienischen und internationalen Modewelt entdecken können. Tauchen Sie ein in die Welt der Juweliere und Parfümerien, wo Sie die Kunstfertigkeit der italienischen Handwerkskunst bewundern können. Und vergessen Sie nicht die kleinen Souvenirläden, die Sie an die Schönheit Roms erinnern.

Gönnen Sie sich eine Pause: Entlang der Via Cola di Rienzo finden Sie einige einladende Cafés. Probieren Sie die verlockenden Dolci (Süßigkeiten) und genießen Sie einen authentischen Espresso. Das ist italienische Lebensart pur!

So planen Sie Ihren Besuch, damit er zu einem schönen Erlebnis wird

Öffnungszeiten: Die meisten Geschäfte begrüßen Sie montags bis sonntags von 10 bis 20 Uhr abends. Beachten Sie, dass vereinzelte Geschäfte für eine Mittagspause schließen.

Besuchsdauer: Je nach Shoppinglaune ist es sinnvoll etwa 1 bis 2 Stunden für den Besuch der Cola di Rienzo einzuplanen. Wenn Sie Ihren Besuch mit einem Mittag oder Abendessen verbinden, sollten Sie 2 bis 3 Stunden einplanen.

Erlebnisse in der Umgebung: Die Via Cola di Rienzo befindet sich in der Nähe der folgenden Erlebnisse:

#24 Bar Caffe´Maneschi
#25 Parenti

Wie kommt man am besten hin: Die Bushaltstelle „Cola Di Rienzo/Regolo“ liegt unmittelbar auf der Cola di Rienzo. Alternativ können Sie die Cola di Rienzo in etwa 5-10 Gehminuten von der Metro-Haltestelle „Lepanto“ (Linie A) erreichen.

Adresse: Via Cola di Rienzo, 00193 Rom, Italien.

AUF EINEN BLICK

2 bis 3 Stunden

Mittleres Preisniveau

Via Cola di Rienzo

#17 Via dei Condotti

Erleben Sie das exklusive Einkaufserlebnis

Willkommen in der Via dei Condotti, einer der exklusivsten Einkaufsstraßen Roms und einem weltweit bekannten Luxusparadies. Die Via dei Condotti erstreckt sich majestätisch im historischen Herzen Roms und bildet einen Teil des „Tridente", einem Gebiet, das von drei Straßen geformt wird und auf die eindrucksvolle Piazza del Popolo zuläuft. Umgeben von bedeutenden Sehenswürdigkeiten ist sie ein absoluter Hotspot.

Die Via dei Condotti ist die Heimat der renommiertesten Luxus- und Designermarken der Welt. Hier reihen sich Geschäfte wie Gucci, Prada, Bulgari, Versace, Armani und viele weitere aneinander. Diese Straße ist ein Paradies für Modebegeisterte, in dem Sie die neuesten Kollektionen und zeitlose Klassiker entdecken können.

Die Via dei Condotti ist aber auch in Geschichte getränkt und reicht bis ins 16. Jahrhundert zurück. Der Name leitet sich von den „Condottieri" ab, den Söldnerführern der Renaissance, die einst in dieser Gegend ansässig waren. Heute ist sie ein Inbegriff für römischen Luxus und Eleganz.

Verbinden Sie Sightseeing & Shopping: Die Einkaufsstraße beginnt an der weltberühmten Piazza di Spagna. Hier erwartet Sie die berühmte „Spanische Treppe" und der barocke „Brunnen der Barcaccia". Am anderen Ende der Via dei Condotti gelangen Sie zur Piazza del Popolo, einem weiten Platz mit einem majestätischen ägyptischen Obelisken, einem eleganten Brunnen und einer atemberaubenden Aussicht auf die Stadt.

Zeit für eine Cafepause TIPP

Machen Sie einen Stopp im Caffè Greco: Dieses historische Café in der Via dei Condotti ist eines der ältesten Kaffeehäuser Roms. Es hat über die Jahrhunderte hinweg Schriftsteller, Künstler und Intellektuelle angezogen und ist ein wahrer Kulturtreffpunkt.

So planen Sie Ihren Besuch, damit er zu einem schönen Erlebnis wird

Öffnungszeiten: Die Geschäfte in der Via dei Condotti haben unterschiedliche Öffnungszeiten. Die meisten Geschäfte sind von Montag bis Samstag zwischen 10 und 19 Uhr geöffnet. Sonntags haben einige Geschäfte zwischen 11 und 19 Uhr geöffnet. Bitte beachten Sie, dass vereinzelte Geschäfte während der Mittagszeit geschlossen haben.

Besuchsdauer: Je nach Shoppinglaune ist es sinnvoll etwa 1 bis 2 Stunden für den Besuch der Via dei Condotti einzuplanen. Wenn Sie Ihren Besuch mit einem Mittag- oder Abendessen verbinden, sollten Sie 2 bis 3 Stunden einplanen.

Erlebnisse in der Umgebung: Die Via dei Condotti befindet sich in der Nähe der folgenden Erlebnisse:

#6 Spanische Treppe
#24 Bar Caffe´Maneschi
#9 Trevi Brunnen

Wie komme ich am besten hin: Die Metro-Station „Spagna“ (Linie A) liegt 5 Gehminuten von der Via die Condotti entfernt.

Adresse: Via dei Condotti, 00187 Rom, Italien.

AUF EINEN BLICK

2 bis 3 Stunden

Hohes Preisniveau

Via dei Condotti

#18 Terrazza del Gianicolo

Die schönste Aussicht Roms genießen

Die Terrazza del Gianicolo, auch als Janiculum-Hügel bekannt, befindet sich westlich des Tiber-Flusses, in unmittelbarer Nähe des Vatikans. Der Aufstieg auf diesen Hügel verspricht ein Abenteuer mit einem unvergleichlichen Ausblick.

Highlights TIPP

Es erwartet Sie ein fantastischer Panormablick: Von der Terrazza del Gianicolo aus genießen Sie einen atemberaubenden Panoramablick auf Rom. Sie können viele der berühmtesten Wahrzeichen der Stadt sehen, darunter den majestätischen Petersdom, das beeindruckende Kolosseum, das ehrwürdige Forum Romanum und die malerische Spanische Treppe. Besonders bei Sonnenuntergang verwandelt sich dieser Anblick in pure Magie.

Einst die Verteidigung Roms: Der Gianicolo-Hügel ist mit der reichen Geschichte Roms verwoben und diente einst der Verteidigung der Stadt. Heute ist er ein Ort der Ruhe und des Genusses.

Fontanone dell'Acqua Paola: Auf dem Gianicolo-Hügel finden Sie auch die imposante Fontana dell'Acqua Paola, oft als der „kleine Bruder" der des berühmten Trevi-Brunnen bezeichnet. Diese majestätische Fontäne bietet eine wunderbare Kulisse für Ihre Erinnerungsfotos.

Kanonen-Salut: Wenn die Uhr exakt 12 Uhr mittags schlägt, wird Ihnen ein Kanonenschuss die alte römische Tradition des Tagesbeginns und -endes näherbringen. Dieses einzigartige Ereignis verspricht eine unerwartete, historische Erfahrung.

Machen Sie eine Picknick-Pause: Viele Besucher schätzen es, auf dem Gianicolo-Hügel ein gemütliches Picknick zu veranstalten und dabei die atemberaubende Aussicht zu genießen. Bringen Sie eine Decke und ein paar köstliche Snacks mit und tauchen Sie ein in das Beste, was Rom zu bieten hat.

Besonders in den Sommermonaten finden hier regelmäßig kulturelle Ereignisse und Festivals, statt. Mit etwas Glück könnten Sie hier auf ein Konzert oder eine Aufführung stoßen und Ihre Zeit mit kulturellem Genuss bereichern.

So planen Sie Ihren Besuch, damit er zu einem schönen Erlebnis wird

Öffnungszeiten: Die Terrazza del Gianicolo ist normalerweise rund um die Uhr zugänglich, da sie sich in einer öffentlichen Gegend befindet.

Beste Besuchszeiten: Die wenigsten Menschen befinden sich in den Morgenstunden sowie am frühen Nachmittag auf der Terrazza del Gianicolo. Einen besonders schönen Ausblick haben Sie bei Sonnenuntergang in den frühen Abendstunden.

Besuchsdauer: Planen Sie etwa 0,5 bis 1,5 Stunden ein, um ausreichend Zeit für Entspannung und einen Spaziergang im angrenzenden Gianicolo Park zu haben.

Erlebnisse in der Umgebung: Die Terrazza del Gianicolo befindet sich in der Nähe der folgenden Erlebnisse:

#35 Garten Orto Botanico
#20 Piazza Trilussa
#26 Trapizzino | Trastevere
#28 Tonnarello

Wie kommt man am besten hin: Die Terrazza del Gianicolo ist am besten per Bus über die Haltstelle „P. Le Garibaldi G." erreichbar. Eine nahegelegene Metro-Haltstelle gibt es nicht.

Adresse: Via Garibaldi, Salita di Sant'Onofrio, 00165 Rom, Italien.

AUF EINEN BLICK

0,5 bis 1,5 Stunden

Kostenfrei

Via Garibaldi, Salita di Sant'Onofrio

#19

Parco Savello

Ein bezaubernder Orangengarten über den Dächern Roms

1 bis 2 Stunden

Kostenfrei

Piazza Pietro D'Illiria

AUF EINEN BLICK

Willkommen im Parco Savello, einem der schönsten Parks in Rom. Der Parco Savello, auch als Orangengarten (Giardino degli aranci) bekannt, befindet sich auf dem Aventin-Hügel in Rom.

Die Geschichte des Parco Savello:
Der Park hat eine faszinierende Geschichte und wurde 1932 von dem Architekten Raffaele de Vico angelegt. Damals gehörte der Garten dem Dominikanerorden der Kirche Santa Sabina, die neben dem Park liegt. Aber es wurden Pläne gezeichnet, um den Garten der Mönche in eine schöne Terrasse zu verwandeln.

Die Idee war, einen Aussichtspunkt in Rom zu schaffen, der es mit der Schönheit und Erhabenheit von Pincio und Gianicolo, zwei sehr berühmten Terrassen in Rom, aufnehmen konnte, und der Garten auf der Spitze eines Hügels war eine perfekte Wahl. Die Idee, die Orangenbäume hinzuzufügen, war eine Hommage an die Dominikaner und die besondere Rolle, die der Orangenbaum in der Geschichte ihres Ordens spielt. Man sagt, dass der heilige Dominikus es liebte, im Schatten eines Orangenbaums zu sitzen und zu predigen, und er soll auch den Orangenbaum nach Rom gebracht haben, der heute noch in Santa Sabina zu sehen ist!

Der Name Savello stammt von der Familie Savelli, die zwischen 1285 und 1287 an dieser Stelle eine Festung errichtete, die noch teilweise auf der

rechten Seite des Parks zu sehen ist. Heute bietet der Park eine friedliche Oase inmitten des lebhaften Roms.

Highlights TIPP

Der Duft nach Orangen: Der Park ist für seine Orangengärten bekannt, in denen Hunderte von Orangenbäumen gedeihen. Diese Gärten verleihen dem Park nicht nur einen erfrischenden Duft, sondern bieten auch Schatten und eine malerische Umgebung für einen entspannenden Spaziergang oder ein romantisches Picknick.

Der Blick durch das Schlüsselloch: Das Aventin-Hügel-Schlüsselloch ist eine besondere Attraktion in Rom. Wie der Name schon sagt, handelt es sich um ein Schlüsselloch, eine Öffnung in einer Tür. Schaut man hier durch, erhält man einen unglaublichen Blick auf die Peterskuppel, perfekt umrahmt von den runden Kanten des Schlüssellochs selbst und den wunderschön gepflegten Hecken eines geheimen Gartens! Die „Schlüsselochansicht" ist ein unvergessliches Fotomotiv. Das Schlüsselloch befindet sich allerdings nicht direkt im Orangengarten, sondern wenige hundert Meter entfernt. Verlassen Sie den Park, gehen Sie an Santa Sabina vorbei und Sie werden es schnell auf der rechten Seite finden! Häufig warten hier schon einige Menschen, um den Blick durch das Schlüsselloch genießen zu können.

Der beste Blick auf den Petersdom: Der Parco Savello ist berühmt für seinen atemberaubenden Panoramablick über die Stadt. Auf der Terrasse direkt am Eingang des Parks haben Sie eine grandiose 180 Grad Aussicht auf die Kuppel des Petersdoms und den Tiber. Besonders abends, wenn die Stadt im warmen Licht des Sonnenuntergangs erstrahlt, wird dieser Ort zauberhaft.

So planen Sie Ihren Besuch, damit er zu einem schönen Erlebnis wird

Öffnungszeiten: Der Parco Savello ist normalerweise rund um die Uhr zugänglich, da er sich in einer öffentlichen Gegend befindet.

Beste Besuchszeiten: Die wenigsten Menschen befinden sich in den Morgenstunden sowie am frühen Nachmittag im Parco Savello. Einen besonders schönen Ausblick haben Sie bei Sonnenuntergang in den frühen Abendstunden.

Besuchsdauer: Planen Sie etwa 1 bis 2 Stunden ein, um mit ausreichend Zeit die Aussicht und Highlights zu genießen.

Erlebnisse in der Umgebung: Mit einem Besuch im Parco Savello lassen sich folgende Erlebnisse kombinieren:

#7 Circus Maximus
#3 Der Palatin
#29 Pizzeria Remo A Testaccio

Wie kommt man am besten hin: Die Metro Haltestelle „Circo Massimo" (Linie B) ist etwa 10 Gehminuten vom Parco Savello entfernt.

Adresse: Piazza Pietro D'Illiria, 00153 Rom, Italien.

Schlüsselloch Blick
auf dem Aventin-Hügel

#20 Piazza Trilussa

Aperitivo Time auf der Piazza Trilussa

Stellen Sie sich vor: Die Sonne sinkt langsam hinter den Dächern Roms, die Straßen beleben sich, und ein lebhaftes Murmeln erfüllt die Luft. Es ist Aperitivo-Zeit in Italien, eine zeitlose Tradition, die die Herzen der Menschen erfüllt und die Sinne verzaubert.

Zwischen 18 Uhr und 21 Uhr füllt sich für gewöhnlich auch die Piazza Trilussa und die Menschen kommen zusammen, um das Leben zu feiern. Die italienische Tradition des Aperitivo beinhaltet, vor dem Abendessen einen Drink zu sich zu nehmen und eine Auswahl an Snacks zu genießen.

Wo hat der Aperitivo seinen Ursprung? Der ursprüngliche Sinn eines Aperitivo lag darin, sich auf ein reichhaltiges Abendessen vorzubereiten. Apertivo kommt aus dem italienischen „aperire" was zu Deutsch „öffnen" bedeutet. Das heißt der Apertif öffnet den Magen. Bereits die alten Römer sprachen von Aperitivus oder Getränken, die den Appetit anregen können. Selbst der berühmte griechische Arzt Hippokrates erkannte, dass zur Steigerung des Appetits ein recht bitteres Getränk auf Basis von Weißwein nützlich sein kann. Die offizielle Geburtsstunde des Aperitivos schlug jedoch erst im Jahr 1876 in Turin, als Antonio Benedetto Carpano in einem kleinen Schnapsladen den Wermut kreierte. Das Ergebnis war so exzellent, dass sogar der damalige König von Italien, Vittorio Emanuele II, es mit einigen Modifikationen zum offiziellen Hofaperitivo erhob.

In den zahlreichen Bars und Cafés rund um die Piazza Trilussa können Sie diese entspannte Tradition erleben. Die belebte Atmosphäre, die Musik und die gesellige Stimmung machen die Piazza Trilussa zu einem idealen Ort, um sich mit Freunden zu treffen, die römische Lebensart zu erleben und den Sonnenuntergang über dem Tiber zu bewundern. Es ist eine großartige Gelegenheit, die lokale Kultur und das Nachtleben zu erleben.

Drinks & Snacks: Beliebte Aperitifgetränke in Rom sind Prosecco, Campari, Aperol, Negroni und Spritz. Diese Getränke werden oft mit Soda, Mineralwasser oder Orangensaft gemischt, um sie zu verlängern und weniger stark zu machen. Ein Glas Wein ist ebenfalls eine beliebte Wahl. Dazu genießt man kleine Snacks wie Oliven oder Chips.

Was gibt es noch zu beachten?

TIPP

- Wenn Sie einen Aperitivo bestellen, ist es üblich, dass Sie Nüsse, Chips oder Oliven dazu serviert bekommen. In diesem Fall bestellen Sie “Un Aperol Spritz come Aperitivo”. Wenn Sie nur einen Aperol Spritz trinken möchten, ohne Snacks, dann betonen Sie dies, indem Sie “senza Aperitivo” in Ihrer Bestellung hinzufügen. Für das wirkliche Aperitivo Erlebnis empfehlen wir unbedingt das Komplettpaket, da es nur wenige Euro mehr kostet.
- Die Einheimischen gehen gerne etwas später Abendessen – machen also auch später Aperitivo. Wer also früher dran ist, bekommt leichter einen Platz auf den beliebten Stufen der Piazza Trilussa.
- Verbinden Sie den Besuch mit einem Spaziergang entlang des Tiberufers, um zur Piazza Trilussa zu gelangen.
- Ein Aperitvo kostet im Durchschnitt zwischen 7 und 10 Euro.

- Ohne Reservierung
- 1 bis 2 Stunden
- Preiswert
- Vegetarische Optionen
- Piazza Trilussa

AUF EINEN BLICK

Der Aperitivo in Rom ist nicht nur eine Gelegenheit, köstliche Getränke und Snacks zu genießen, sondern auch ein Fenster in die entspannte und freundliche Lebensart der Römer.

So planen Sie Ihren Besuch, damit er zu einem schönen Erlebnis wird

Öffnungszeiten: Die Piazza Trilussa ist normalerweise rund um die Uhr zugänglich, da sie sich in einer öffentlichen Gegend befindet. Es können jedoch temporäre Einschränkungen aufgrund von Veranstaltungen oder Wartungsarbeiten auftreten.

Beste Besuchszeiten: Zwischen 18 Uhr und 21 Uhr füllt sich für gewöhnlich auch die Piazza Trilussa und die Menschen kommen zusammen, um das Leben zu feiern.

Erlebnisse in der Umgebung: Die Aperitivo Time auf der Piazza Trilussa lässt sich am besten mit folgenden Erlebnisse kombinieren:

#18 La Terrazza Del Gianicolo
#26 Trapizzino Trastevere
#30 Pasta e Vino Osteria
#31 Otello

Wie kommt man am besten hin: Die Bushaltestelle „Lgt Farnesina/Trilussa" ist in unmittelbarer nähe der Piazza Trilussa. Eine nahgelegene Metro-Station gibt es nicht.

Adresse: Piazza Trilussa, 00153 Rom, Italien.

#21 Pizza Workshop

Professioneller Pizza-Workshop mit Sandra inmitten Roms

Wer hat nicht schon einmal von einer perfekten, handgemachten Pizza geträumt? Doch gute Pizza zu machen, erfordert nicht nur ein gutes Rezept, sondern vor allem Handwerkskunst und Erfahrung. Genau das bietet Ihnen Sandra, Gastgeberin und echter Pizza-Profi, in einem einzigartigen Pizza-Kochkurs in Rom. Sandra ist weit gereist und hat in vielen verschiedenen Regionen Italiens gearbeitet. Dadurch hat sie viel Erfahrung gesammelt und kann Ihnen die Geheimnisse der besten italienischen Pizza verraten.

Das Erlebnis: Der Kurs findet abends in Sandras gemütlichem Zuhause in Rom statt und ist auf kleine Gruppen von bis zu vier Personen beschränkt. Dies schafft eine intime Atmosphäre und ermöglicht es Ihnen, sich ganz auf die Kunst des Pizzabackens zu konzentrieren. Der Abend beginnt mit der Zubereitung einer köstlichen Vorspeise: kleine, frittierte Teigtaschen, gefüllt mit saftigen Tomaten, würziger Salami und cremigem Mozzarella. Diese Panzerotti sind ein traditionelles Gericht aus dem Süden Italiens und heute als Streetfood sehr beliebt.

Der Höhepunkt des Abends ist zweifellos die Zubereitung Ihrer eigenen hausgemachten Pizza. Mit sorgfältig ausgewählten BIO-Zutaten werden Sie lernen, wie man den perfekten Pizzateig zubereitet und ihn mit den leckersten Belägen kombiniert. Ob klassisch als Pizza Margherita oder mit verschiedenen Aufschnitten und frischem Gemüse - Sie haben die Wahl.

Den krönenden Abschluss bildet ein köstliches Tiramisu, das den kulinarischen Genuss abrundet und Ihre Geschmacksknospen verwöhnt.

Highlights

TIPP

- Während dieses einzigartigen Erlebnisses haben Sie direkten Kontakt zu Sandra, einer herzlichen und humorvollen Gastgeberin, die Ihnen nicht nur die Kunst des Pizzabackens beibringt, sondern auch ihre Leidenschaft für die italienische Küche teilt.
- Sie werden von Sandras erprobten Pizza-Rezepten begeistert sein, die Sie auch zu Hause nachbacken können. Die Verwendung von frischen und abwechslungsreichen Zutaten, darunter viele BIO-Produkte, macht diesen Kurs zu einem kulinarischen Highlight.

- Neben dem Lernen und Kochen haben Sie die Gelegenheit, sich mit den anderen Teilnehmern auszutauschen und gemeinsam die Freude an der italienischen Küche zu genießen.

Machen Sie sich bereit für einen Abend voller Genuss und Erlebnisse und entdecken Sie die Geheimnisse der perfekten Pizza in Rom.

So planen Sie Ihren Kurs:

Buchung: Da die Plätze sehr gefragt sind, empfehlen wir so früh wie möglich zu buchen. Buchen Sie Ihren Pizzakurs direkt online unter bit.ly/rom-pizza

Kosten: 93 Euro pro Person.

Dauer: 3 Stunden, Start ist um 19 Uhr.

Gruppengröße: Der Kurs findet in einer kleinen Gruppe mit maximal 6 Personen statt.

Was ist im Preis inbegriffen: Pizza Abendessen inkl. Vorspeise und Dessert, Wein und Bier.

Wie kommt man am besten hin: Der Kochkurs findet innerhalb von Rom statt. Treffpunkt ist in der Via S. Fabiano. Den genauen Treffpunkt erhalten Sie vom Veranstalter nach Ihrer Buchung.

AUF EINEN BLICK

- Buchung erforderlich
- 3 Stunden
- 93 Euro pro Person
- Vegetarische Optionen
- Via S. Fabiano

#22

Pasta Kochkurs

Pasta selbst herstellen mit Nonna: Ein kulinarischer Tagestrip aufs Land

Stellen Sie sich vor, Sie könnten in einem malerischen Landdorf namens Palombara in den Hügeln außerhalb von Rom die Geheimnisse der italienischen Küche direkt von einer echten Nonna lernen. Ein authentischer Einblick in eine italienische Familie und ihre Essenstraditionen erwartet Sie.

Das Erlebnis: Ihr kulinarisches Abenteuer beginnt mit einer bezaubernden Tour durch das charmante Landdorf Palombara. Hier spüren Sie die Magie der italienischen Landschaft und machen sich bereit für eine unvergessliche Erfahrung. Anschließend nehmen Sie an einem Kochkurs teil, der von einer erfahrenen Nonna geleitet wird. Doch bevor Sie in die kulinarischen Feinheiten eintauchen, genießen Sie eine köstliche Vorspeise, zum Beispiel knusprige Bruschetta mit sonnengereiften Tomaten.

Jetzt wird es Zeit, selbst Hand anzulegen. In einer kleinen Gruppe von bis zu zehn Teilnehmern erfahren Sie, wie man verschiedene Arten von Pasta von Grund auf selbst herstellt. Farfalle, Ravioli, Fettucini - Sie lernen die Geheimnisse jeder Sorte kennen. Aber keine Sorge, Sie sind nicht allein. Jede Nonna hat ihre Nichte an ihrer Seite, um sicherzustellen, dass Sie von Anfang bis Ende ausgezeichnete Anweisungen erhalten. Die Nichte übersetzt dabei von Italienisch auf Englisch, sodass Sie alles verstehen und nachkochen können.

Highlights TIPP

Was dieses Erlebnis wirklich besonders macht, sind die authentischen Rezepte, die seit Jahrhunderten von Nonna zu Nonna weitergegeben wurden. Sie haben die Gelegenheit, direkt mit einer warmherzigen Nonna in Kontakt zu treten, die Ihnen nicht nur die Kunst des Pasta-Machens beibringt, sondern auch bereit ist, Ihnen Geschichten aus ihrem Leben zu erzählen und die italienische Kultur zu teilen.

In dieser entspannten Atmosphäre werden nicht nur kulinarische Fähigkeiten vermittelt, sondern auch Freundschaften geknüpft. Sie können sich mit den anderen Teilnehmern austauschen und gemeinsam die Freude an der italienischen Küche erleben.

Erleben Sie diesen unvergesslichen Tagesausflug von Rom aus und kehren Sie nicht nur mit neuen Kochkünsten, sondern auch mit unvergesslichen Erinnerungen zurück.

So planen Sie Ihren Kurs:

Buchung: Da die Plätze sehr gefragt sind, empfehlen wir so früh wie möglich zu buchen. Buchen Sie Ihren Kochkurs direkt online unter bit.ly/rom-pasta

Wir haben die Webadresse verkürzt, um Ihnen die Eingabe auf dem Smartphone zu vereinfachen.

Kosten: 95 Euro pro Person.

Dauer: 5 Stunden, Start ist am Vormittag (ca. 10 Uhr) oder am Nachmittag (ca. 15 Uhr).

Gruppengröße: Der Kurs findet in einer kleinen Gruppe mit maximal 10 Personen statt. Für 500 Euro kann man auch einen Kurs für eine Privatgruppe buchen.

Was ist im Preis inbegriffen: Drei Arten von handgemachten Nudeln und Bruschetta. Zwei Sorten Wein und Kaffee.

Wie kommt man am besten hin: Der Kochkurs findet etwas außerhalb von Rom satt in Palombara Sabina. Um dort hin zu kommen, treffen Sie sich mit einem der Veranstalter am Bahnhof Piana Bella di Montelibretti und fahren gemeinsam in das kleine Dorf. Palombara Sabina ist bekannt für seine Burg und das berühmte Olivenöl. Mit etwas Glück bekommen Sie auch noch eine kleine Dorf-Rundfahrt bevor Sie in Nonnas Küche mit dem Pasta-Kurs loslegen.

- Buchung erforderlich
- 5 Stunden
- 95 Euro pro Person
- Vegetarische Optionen
- Palombara Sabina

AUF EINEN BLICK

#23

Wein Verkostung

In vino veritas: Weinverkostungen in und um Rom

Entdecken Sie die faszinierende Welt des italienischen Weins, einem Land, das mit durchschnittlich 60 Millionen Hektolitern jährlich und 856.000 Hektar Rebfläche als das „Land des Weines" gilt. Die lange Geschichte des Weinbaus in Italien, beeinflusst von den Griechen und Römern, spiegelt sich in einer Vielfalt von Weinen wider. Ob trockener Weißwein oder kräftiger Rotwein, Rom ermöglicht Ihnen, die reiche italienische Weinkultur zu erleben.
Rom selbst liegt zwar nicht im Herzen des italienischen Weinlandes, aber die Stadt bietet Ihnen tolle Möglichkeiten, die reiche italienische Weinkultur zu erleben.

Bei den Verkostungen können Sie geführt von erfahrenen Sommeliers in die Welt des Weins eintauchen – hier ist für jeden Geschmack etwas dabei.

Highlight Verkostungen TIPP

- **Weinprobe inmitten von Rom (50 Euro pro Person)** In einer 1,5-stündigen Weinverkostung tauchen Sie in der Weinbar Glu Glu mit Ihrem Sommelier in die Welt des italienischen Weines ab. Erfahren Sie Wissenswertes zur Herstellung und den verschiedenen Rebsorten mit einer extra Portion Spaß. Buchung unter: bit.ly/rom-wein-1

- **Shades of Italian Terroir - eine Verkostung von Naturweinen (75 Euro pro Person)** Genießen Sie eine entspannte Weinverkostung von 2 Stunden in einem einladenden privaten Raum, während Sie sorgfältig ausgewählte Boutique-Labels aus ganz Italien kosten. Ihr Sommelier-Gastgeber und Guide konzentriert sich auf ökologische, natürliche und interventionsarme Weingüter, und Sie erfahren mehr über deren Terroir und Techniken in einer lebendigen und ungezwungenen Atmosphäre. Buchung unter: bit.ly/rom-wein-2

- **Römische Landschaft: Essen & Weinprobe in einem mittelalterlichen Weingut (99 Euro pro Person)** Tauchen Sie während einer 4-stündigen Weintour außerhalb von Rom in die ländliche Atmosphäre der Region Latium ein. Besuchen Sie einen Weinkeller im mittelalterlichen Dorf Borgo und erhalten Sie Einblicke in die Weinherstellung. Genießen Sie anschließend die verschiedenen Weine und italienische Köstlichkeiten in einem italienischen Restaurant. Buchung unter: bit.ly/rom-wein-3

Hinweis: Wir haben die Webadressen verkürzt, um Ihnen die Eingabe auf dem Smartphone zu vereinfachen.

So planen Sie Ihren Kurs am besten:

Tickets: Die meisten Weinverkostungen erfordern eine Online-Buchung im Voraus, da die Plätze sehr gefragt sind empfehlen wir so früh wie möglich zu buchen. Bei den meisten Verkostungen sind im Preis Snacks oder weitere kulinarische Köstlichkeiten inbegriffen. Mehr Informationen dazu erfahren Sie auf der Internetseite des Anbieters.

Wie kommt man am besten hin: Der Treffpunkt ist auf der jeweiligen Buchungsseite angegeben.

Buchung erforderlich

1,5 bis 4 Stunden

50 bis 99 Euro pro Person

Rom & Umgebung

AUF EINEN BLICK

Lepanto
Ottaviano
#25 Parenti
#24 Bar Caffe' Maneschi
Prati Station
Barberini
#33 Il Convivio Troiani
#32 Retrobottega
#27 Frigidarium
#26 Trapizzino
#30 Pasta e Vino Osteria & #31 Otello
#28 Tonnarello
Circo Massimo
#29 Pizzeria Remo A Testaccio

Pizza, Pasta e Vino

Die Küche Roms mit allen Sinnen erleben und genießen

Scannen Sie den QR Code um zur digitalen Karte zu gelangen

#24 Caffé Maneschi

Prendiamo un Cafe: Espresso in der Bar Caffé Maneschi

Die Kaffeekultur in Italien, insbesondere in Städten wie Rom, ist eine feste Tradition und ein integraler Bestandteil des täglichen Lebens. Kaffee ist für die Italiener nicht nur ein Getränk, sondern ein soziales und kulturelles Ereignis, das ihre Lebensweise prägt.

Zelebrieren Sie die Kaffeekultur wie ein Einheimischer:

Espresso als König: Der Espresso ist der unangefochtene König der italienischen Kaffeekultur. In Italien bestellen die meisten Menschen einfach „un caffè", und sie erhalten standardmäßig einen Espresso.

Cappuccino am Morgen: Cappuccino wird normalerweise nur morgens getrunken. Die Italiener halten sich streng an diese Regel und bestellen nach 11 Uhr keinen Cappuccino mehr. Wenn Sie also nicht als Tourist entlarvt werden wollen bestellen Sie nach 11 Uhr nur noch Espresso.

Höchste Qualität: Die Qualität des Kaffees ist von größter Bedeutung. Espressi werden aus hochwertigen Bohnen zubereitet und von gut ausgebildeten Baristas serviert. In Italien gibt es eine lange Tradition der Röstung von Kaffeebohnen, um den besten Geschmack zu gewährleisten.

To Go ist ungewöhnlich: In Italien trinken die meisten Menschen ihren Kaffee an Ort und Stelle, anstatt ihn mitzunehmen. To-go-Becher sind weniger verbreitet, da das Erlebnis des Kaffeetrinkens oft mit dem Aufenthalt in einem Café verbunden ist.

Espresso und Dolci: Egal ob Cappuccino oder Espresso, das Heißgetränk wird oft mit einem kleinen Gebäckstück wie einem Cornetto oder einem Stück Kuchen serviert. Dies dient dazu, den Geschmack des Kaffees zu ergänzen und das Erlebnis zu genießen.

Wo man am besten hingeht TIPP

In Rom findet man in zahlreichen Espressobars guten Kaffee. Lassen Sie sich dabei nicht vom Begriff „Bar" irritieren: In Italien spricht man nicht von einem Café sondern immer von einer Bar. Die meisten Espressobars sind normalerweise morgens gut besucht. Die Menschen kommen hierher, um im Stehen ihren Espresso zu genießen, bevor sie zur Arbeit gehen. Dies ist ein schneller Stopp, um Koffein zu tanken und gemeinsam mit Nachbarn, Freunden oder neuen Bekannten in den Tag zu starten.

Der vermeintlich letzte Geheimtipp: Noch nicht so bekannt ist die Bar Caffe Maneschi. Hier können Sie zwischendurch einen Espresso mit Einheimischen genießen und sie erwartet eine bunte Theke an Dolci. Im Innenbereich traditionell italienisch eingerichtet und mit einer kleinen Terrasse für die schönen Tage eignet sich diese Bar perfekt für einen Stopp zwischendurch.

Die Klassiker: Natürlich gibt es in Rom noch weitere Bars, in denen Sie einen sehr guten Espresso bekommen. Einige davon sind längst kein Geheimtipp

mehr, wie das La Casa Del Caffè Tazza d´Oro (Via degli Orfani 84) oder das Sant´ Eustachio (Piazza di San Eustachio 82). Hier müssen Sie auf jeden Fall etwas Geduld mitbringen, da Sie meistens lange Schlange vor sich haben.

Insgesamt ist die Kaffeekultur in Italien ein wunderbares Beispiel für die Verbindung von Genuss, sozialer Interaktion und Tradition. Wenn Sie nach Rom reisen, sollten Sie auf jeden Fall die Gelegenheit nutzen, die örtliche Kaffeekultur zu erleben und einen Espresso in einer der charmanten Espressobars zu genießen.

So planen Sie Ihren Besuch, damit er zu einem schönen Erlebnis wird

Öffnungszeiten: Die Bar hat von Montag bis Samstag von 6:30 bis 20:00 Uhr geöffnet. Sonntag ist Ruhetag.

Beste Besuchszeiten: Die Bar ist morgens gut besucht, etwas mehr Ruhe können Sie in der Regel zwischen 15 und 16 Uhr genießen.

Besuchsdauer: Planen Sie etwa 0,5 bis 1 Stunde Zeit ein, um in Ruhe einen Espresso zu genießen. Alternativ geht es auch typisch italienisch an der Bar.

Erlebnisse in der Umgebung: Ein Espresso in der Bar Caffe Maneschi lässt sich mit folgenden Erlebnissen am besten kombinieren:

#6 Spanische Treppe
#17 Via dei Condotti
#9 Trevi Brunnen

Wie kommt man am besten hin: Die nächstgelegene Metrostation ist „Spagna“ (Linie A). Von dort aus gelangen Sie zu Fuß (10 Minuten) zur Bar.

Adresse: Via della Frezza, 60-61, 00186 Rom, Italien.

AUF EINEN BLICK

Ohne Reservierung

30 bis 60 Minuten

Preiswert

Via della Frezza 60-61

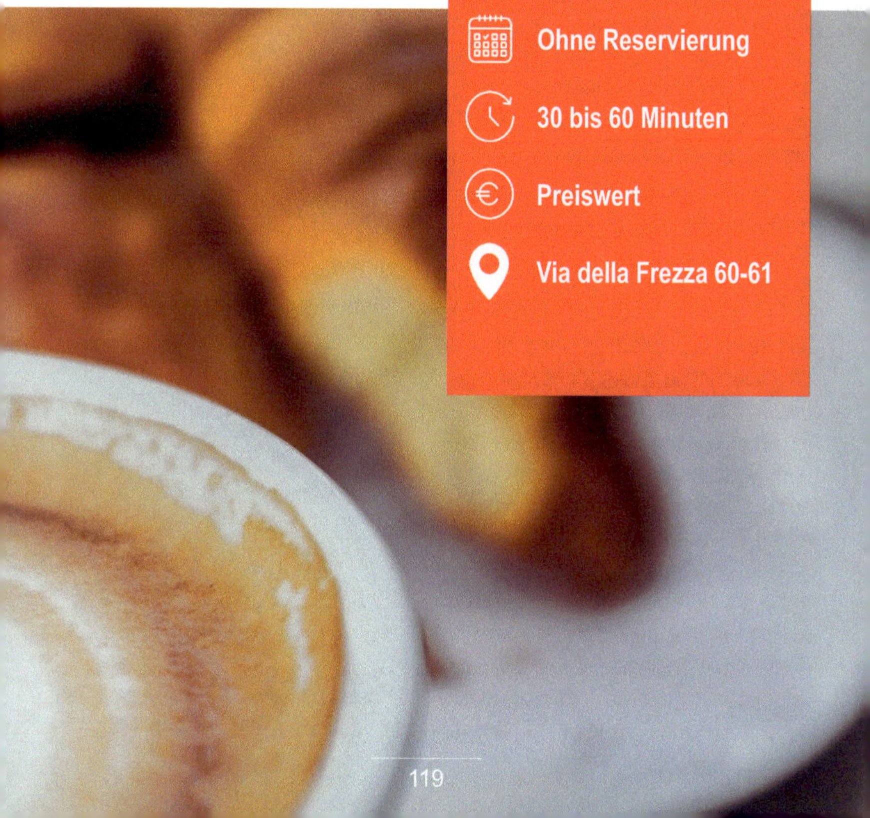

#25 Caffé Parenti

Die besten Maritozzo der Stadt im Parenti genießen

Ein Besuch in Rom wäre ohne die Verkostung der köstlichen Süßigkeiten nicht vollständig. Und hier haben die Italiener einiges zu bieten: von frisch gebackenen Cornetti, Canolli, über Tiramisu bis hin zu Maritozzo.

Maritozzo ist ein traditionelles römisches Gebäck, das in der römischen Küche eine einzigartige und köstliche Rolle spielt. Ursprünglich stammt es aus dem 18. Jahrhundert, und es wird oft als römische Variante des Hefeteigs bezeichnet. Ein klassischer Maritozzo ist ein süßes Brötchen, das in der Mitte aufgeschnitten und mit einer Creme aus Schlagsahne oder süßer Ricotta, oft mit Zucker und kandierten Orangenschalen verfeinert, gefüllt wird. Sie sind auch ein beliebtes Frühstücksgebäck in Rom und werden gerne morgens in Kombination mit einem Espresso oder Cappuccino genossen. Das Gebäck hat einen festen Platz in der römischen Esskultur und ist ein süßer Genuss, den Sie in zahlreichen Cafés und Bäckereien der Stadt probieren können.

Wo man am besten hingeht

Für ein Maritozzo oder andere süße Versuchungen empfehlen wir Ihnen das Parenti, ganz in der Nähe der Vatikanstadt. Die Römer kommen hier her, um morgens ein schnelles Frühstück an der Bar zu genießen oder für Espresso und Dolci zwischendurch. Die Inneneinrichtung verströmt das Flair einer traditionellen italienischen Patisserie, und das freundliche Personal sorgt für eine einladende Atmosphäre. Sie werden begrüßt von einer langen Theke voller süßer Kunstwerke – farbenfroh, makellos und hausgemacht. Die Entscheidung wird Ihnen sicherlich nicht leicht fallen bei diesem fantastischen Angebot. Hier stehen handgefertigte Backwaren und Desserts im Mittelpunkt, die nach überlieferten Rezepten und mit Hingabe zum Detail hergestellt werden.

Unsere Empfehlung TIPP

Gönnen Sie sich ein Maritozzo, welche hier durchgängig frisch hergestellt werden. Eine Symbiose auf luftig-leichtem Hefeteig und frischer Sahne- Sie werden nicht enttäuscht sein.

So planen Sie Ihren Besuch, damit er zu einem schönen Erlebnis wird

Öffnungszeiten: Die Pasticceria hat Dienstag bis Samstag von 07:30 bis

20:00 Uhr geöffnet. An Sonntagen von 7:30 bis 14:00 Uhr und 15:00 bis 20:00 Uhr geöffnet. Am Montag ist Ruhetag.

Beste Besuchszeiten & Reservierung: Kommen Sie einfach vorbei und genießen Sie die Köstlichkeiten an der Bar oder nehmen Sie sich etwas mit, beispielsweise für ein Picknick.

Preisniveau: Das Parenti bietet sehr erschwingliche Preise für Dolci und Heißgetränke in höchster Qualität.

Besuchsdauer: Planen Sie etwa 15 bis 30 Minuten ein, abhängig davon ob Sie vor Ort genießen möchten oder ihr Gebäck mitnehmen.

Erlebnisse in der Umgebung: Ein Besuch im Parenti lässt sich mit den folgenden Erlebnissen am besten kombinieren:

#16 Via Cola di Rienzo
#5 Vatikanstadt

Wie kommt man am besten hin: Die Metrostation „Ottaviano" (Linie A) ist direkt um die Ecke (3 Minuten Fußweg).

Adresse: Via Ottaviano 33, 00192 Rom, Italien.

Ohne Reservierung

15 bis 30 Minuten

Preiswert

Via Ottaviano 33

AUF EINEN BLICK

#26 Trapizzino

Ihr Abenteuer in die Welt des römischen Streetfoods

Pizza war gestern, heute isst man gefülltes Pizza-Sandwich in Rom – das Trapizzino. Bei diesen handelt es sich um kleine, dreieckige Pizzastücke, gefüllt mit herzhaften Köstlichkeiten wie geschmortem Rindfleisch, Hühnchen Cacciatore oder verlockenden vegetarischen Varianten.

Der Name verrät schon, dass es sich hier um eine Mischung aus Pizza und Tramezzini (dem klassischen italienischen Sandwich) handelt. Es wird ein klassischer Pizzateig gebacken, welcher dann gefüllt wird. Aber nicht einfach mit gewöhnlichem Pizzabelag wie Salami oder Champignons, sondern mit kompletten Mahlzeiten. Diese werden teilweise stunden- oder sogar tagelang zubereitet, zu Füllungen, die jeden Bissen zu einem kulinarischen Erlebnis machen. Ob klassische römische Gerichte oder von der süditalienischen Küche inspirierte Burrata, Sardellen, Auberginenauflauf, Hackfleischbällchen oder ein würziger Eintopf aus Eritrea - bei Trapizzino ist für jeden Gaumen etwas dabei.

Erfunden wurde die Kreation von Stefano Callegari bereits 2008. Kurz darauf eröffnete er das gleichnamige Restaurant Trapizzino.

Wo man am besten hingeht

Am besten schmeckt es immer beim Erfinder, daher empfehlen wir, direkt im gleichnamigen Trappizino im Restaurant von Stefano Callegari die Trapizzino zu kosten.

Inzwischen gibt es das Trappizino fünf Mal in Rom, was durchaus für den Erfolg des römischen Streetfoods spricht.

Absolute Empfehlung TIPP

Ein Highlights ist das Trapizzino mit geschmortem Rindfleisch. Dieses herzhafte Gericht verkörpert den wahren Geschmack Roms und ist ein echter Geheimtipp für Genießer.

Im Trapizzino Testaccio ist es außerhalb der Mittagszeit etwas ruhiger und Sie kommen schneller zu Ihrem Trapizzino. Etwas mehr Zeit sollten Sie im Mercato Centrale und im Trilussa mitbringen.

Aber auch das lohnt sich: Bestellen Sie im Trapizzino Trilussa und machen Sie sich auf den Weg zum nahegelegenen Gianicolo-Hügel. Dort können Sie dieses köstliche römische Streetfood genießen und gleichzeitig einen atemberaubenden Blick auf die Stadt Rom erleben.

So planen Sie Ihren Besuch, damit er zu einem schönen Erlebnis wird

Öffnungszeiten: Das Trapizzino Trilussa ist von Dienstag bis Sonntag zwischen 12:00 Uhr mittags und 01:00 Uhr nachts geöffnet. An Freitagen und Samstagen hat das Lokal sogar bis 02:00 Uhr nachts geöffnet. Achtung! An Montagen hat das Lokal geschlossen.

Beste Besuchszeiten & Reservierung: Vor 18 Uhr ist mit den geringsten Kundenandrang zu rechnen. Da es sich um ein ungezwungenes Streetfood-Restaurant handelt, sind normalerweise keine Reservierungen erforderlich. Wenn Sie draußen sitzen möchten, ist es zu empfehlen, schon ein paar Minuten bevor das Restaurant öffnet vor dem Laden zu stehen.

Preisniveau: Trapizzino bietet erschwingliches Streetfood höchster Qualität. Ein Trappizino kostet 5 Euro, ein Suppli liegt bei 2 Euro, so können Sie kostengünstig mehrere der Leckerbissen probieren.

Besuchsdauer: Planen Sie etwa 0,5 bis 1,5 Stunden ein, je nachdem ob Sie auf einen Sprung vorbeischauen oder in Ruhe verschiedene Trappizinos probieren möchten.

Erlebnisse in der Umgebung: Das Streetfood im Trapizzino Trilussa lässt sich mit den folgenden Erlebnissen am besten kombinieren:

#20 Aperitivo Time a. d. Piazza Trilussa
#18 La Terrazza Del Gianicolo

Wie kommt man am besten hin: Die Bushaltestelle „Lgt Farnesina/Trilussa“ ist in unmittelbarer nähen des Trapizzino Trilussa. Eine nahgelegene Metro-Station gibt es nicht.

Adresse: Piazza Trilussa, 46, 00153 Rom, Italien. Die Adressen der anderen Restaurant finden Sie auf trapizzino.it

#27 Frigi- darium

Zeit für ein Gelato im Frigidarium

Auch in Rom ist das Gelato von großer Bedeutung für die italienische Esskultur. Italienisches Eis, auch bekannt als „Gelato", ist weltweit für seine hohe Qualität und seine vielfältigen Geschmacksrichtungen bekannt.

Wie sieht die Eiskultur in Rom aus?

Gelato vs. Eiscreme: Gelato unterscheidet sich von Eiscreme durch seinen niedrigeren Fettgehalt und seine cremigere Textur. Es wird normalerweise aus frischen Zutaten hergestellt und enthält weniger Luft, was zu einer dichteren und intensiveren Geschmacksqualität führt.

Genusskultur: Das Essen von Gelato ist in Italien eine echte Genusskultur. Es ist üblich, Gelato bei einem gemütlichen Spaziergang oder nach dem Abendessen zu genießen. Es ist ein geselliges Erlebnis, bei dem die Menschen das Leben in vollen Zügen genießen.

Gelaterias: In Rom gibt es eine Fülle von Gelaterias, die hausgemachtes Gelato in einer erstaunlichen Vielfalt von Aromen anbieten. Viele Gelaterias halten an traditionellen Herstellungsverfahren fest und bereiten ihr Gelato täglich frisch zu. Dies erfordert Sorgfalt und Hingabe, um die perfekte Konsistenz und den besten Geschmack zu gewährleisten.

Wo man am besten hingeht

Ein besonderes Erlebnis - Die Gelateria Frigidarium. Das finden Sie, in einer kleinen Seitengasse in der Nähe der Piazza Navona, und können in die Welt der italienischen Eiskunst eintauchen. Seien Sie gewarnt: die Warteschlangen sind hier für gewöhnlich lange, aber es lohnt sich. Das Eis wird in bester Qualität mit frischer Vollmilch, sowie frischen und saisonalen Früchten zubereitet. Raffinierter Zucker, Palmöl oder Konservierungsstoffe sind hier tabu - und das schmeckt man auch. Sie können sich dabei entscheiden zwischen klassischen und experimentellen Sorten, oder Sie probieren sich einfach mal durch.

Die Besonderheit in der Gelateria ist die eigens kreierte Sorte Frigidarium. Das Spezielle daran ist, dass zur Eiskugel ein Pan di Stelle (Schokokeks mit Sternen) gereicht wird. Außerdem können Sie sich entscheiden, ob Sie ihr Eis mit Schokotopping möchten. Das Eis wird dann auf Wunsch mit heller oder dunkler Schokolade überzogen (ohne Aufpreis). Hier kommen also auch alle

Schokoholics auf ihre Kosten. Eine große Portion (3 Sorten) gibt es für 5 Euro.

Die Klassiker: Natürlich gibt es in Rom noch weitere Gelaterias in denen Sie ein sehr gutes Eis bekommen. Da diese keine Geheimtipps mehr sind und gleichzeitig sehr beliebt, sollten Sie mit Warteschlangen rechnen und etwas Zeit einplanen.

- Otaleg (Via di S. Cosimato, 14a)
- Neve di Latte (5x, nevedilatte.it)
- Torce (4x, gelateriatorce.it)
- Della Palma (auch vegane Sorten, Via della Maddalena 19-23)
- Fata Morgana (6x, fmgelato.com)

So planen Sie Ihren Besuch, damit er zu einem schönen Erlebnis wird

Öffnungszeiten: Das Frigidarium hat täglich von 10:30 bis 01:00 Uhr geöffnet. Bitte prüfen Sie die Öffnungszeiten, falls Sie eine der anderen Gelaterias besuchen möchten.

Beste Besuchszeiten: Der Andrang ist hier immer sehr groß. Vor 12 Uhr und nach 22 Uhr, nimmt die Besucherzahl etwas ab.

Besuchsdauer: Planen Sie bis zu 30 Minuten ein.

Erlebnisse in der Umgebung: Ein Besuch in der Gelateria Frigidarium lässt sich mit folgenden Erlebnissen am besten kombinieren:

#10 Piazza Navona
#4 Das Pantheon
#14 Campo de´Fiori

Wie kommt man am besten hin: Die nächstgelegene Busstation ist „Chiesa Nuova". Von dort aus gelangen Sie zu Fuß (3 Minuten) zur Gelateria.

Adresse: Via del Governo Vecchio 112, 00186 Rom, Italien.

#28 Das Tonnarello

Ein Klassiker in Rom

Die römische Küche, auch als „Cucina Romana“ bekannt, ist ein Spiegelbild der reichen kulinarischen Tradition Italiens. Sie zeichnet sich durch ihre Einfachheit und ihren Fokus auf frische Zutaten aus. Die römische Küche legt Wert auf die Verwendung lokaler Produkte, die oft saisonal und regional sind.

Pasta ist dabei fester Bestandteil der römischen Küche, aber auch Fleischgerichte wie Saltimbocca Romana, Innereien oder Pinsa dürfen dabei nicht fehlen. Auch die Liebhaber für Süßes kommen definitiv auf ihre Kosten, denn an Dolci fehlt es in Rom natürlich nicht.

Ein typisches römisches Essen, sei es ein festliches Mittagessen oder ein Abendessen, besteht in der Regel immer aus mehreren Gängen. Es beginnt mit Pasta oder Antipasti, bei denen oft Aufschnitt, Käse, frittierte Leckereien oder Sardellen serviert werden. Als Zwischengang werden vielmals warme Hülsenfrüchte in einer traditionellen Tonschüssel, den „Cocci,“ serviert. Das Hauptgericht in der römischen Küche bietet eine Vielzahl von Optionen. Sie können sich für ein herzhaftes Fleischgericht entscheiden, auch Innereien sind hier sehr beliebt, oder sich für Kabeljau entscheiden. Als Beilagen werden meistens Gemüse oder Salat gereicht.

Der krönende Abschluss bildet das Dessert. Dazu werden Desserts wie köstliche Cremes oder Gebäck serviert. Obwohl Obst und Eiscreme nicht zwangsläufig zur römischen Küche gehören, sind sie heute weit verbreitet.

Wo man am besten hingeht

Um die römische Kulinarik einzutauchen, empfehlen wir das Tonnarello im einladenden Stadtteil Trastevere. Das Tonnarello ist ein ganz besonderer Ort in Rom, der sich seit mehr als einem Jahrhundert auf die Zubereitung authentischer römischer Gerichte spezialisiert hat. Mit einem Besuch bei den Gastgebern Andrea und Simone können Sie die wahren Aromen und die traditionsreiche Gastfreundschaft der Stadt in einem historischen Ambiente erleben. Besonders die Terrasse inmitten von Trastevere lässt Sie authentisch das Gefühl von Dolce Vita spüren. Übrigens: Der Name Tonnarello kommt von der gleichnamigen Pasta-Sorte. Die Tonnarello sind sehr ähnlich zu Spaghetti, allerdings haben sie keine runde, sondern eine quadratische Form.

Absolute Empfehlung TIPP

Die Pasta Cacio e Pepe ist zweifellos das Herzstück des Restaurants und ein Highlights für jeden Besucher. Hier wird sie meisterhaft zubereitet und ist ein wahres Geschmackserlebnis. Und das Beste – hier wird die Pasta noch traditionell in einer Pfanne serviert. Lassen Sie außerdem unbedingt noch etwas Platz für die hausgemachte Tiramisu.

So planen Sie Ihren Besuch, damit er zu einem schönen Erlebnis wird

Öffnungszeiten: Das Tonnarello hat täglich von 11:30 bis 23:00 Uhr geöffnet

Beste Besuchszeiten & Reservierung: Das Restaurant ist sehr beliebt, aber bietet keine Reservierungen an. Daher brauchen Sie ein wenig Geduld. Am besten gehen Sie bereits vor 12 Uhr am Mittag oder vor 19 Uhr am Abend hin, um einfacher einen Tisch zu bekommen.

Preisniveau: Die Preise bei Tonnarello sind moderat für die Qualität der Gerichte und die lange Geschichte des Restaurants. Die Pasta Cacio e Pepe liegt bei rund 10 Euro.

Erlebnisse in der Umgebung:

#35 Botanischer Garten
#20 Piazza Trilussa
#13 Bar San Calisto

Wie kommt man am besten hin: Die Straßenbahnhaltestelle „Trastevere (Mastai)“ (Linie 8) ist in unmittelbarer Nähe des Tonnarello. Von hier gelangen Sie mit einem kurzen Fußweg (8 Minuten) zum Restaurant.

Adresse: Via della Paglia, 1/2/3, 00153 Rom, Italien.

AUF EINEN BLICK

- Keine Reservierung möglich
- 2 Stunden
- Moderat
- Vegetarische Optionen
- Via della Paglia 1/2/3

#29

Pizzeria Remo A Testaccio

Pizzagenuss aus dem Holzofen

Auch Pizza ist ein fester Bestandteil der römischen Küche. Ursprünglich kommt die Pizza aus Neapel, weshalb man auch von einer neapolitanischen Pizza spricht. Sie erkennen schnell den Unterschied einer Pizza Romana zu einer neapolitanischen. Die neapolitanische hat einen knusprigen wulstigen Rand mit einem Art Leopardenmuster, in der Mitte ist der Teig sehr dünn und etwas feucht.

In Rom hingegen ist der Teig sehr dünn, knusprig und hat einen niedrigen Rand. Die Pizza wird dünner ausgerollt, in der Regel mit einem Nudelholz, und wird dadurch größer als eine klassische Pizza aus Neapel. In Rom steht auch nicht nur die klassische Pizza Rosso (Tomatensoße als Grundbelag) auf der Karte. Ebenfalls beliebt ist die Pizza Bianca, diese kommt ohne Tomatensauce aus und wird stattdessen mit einer weißen Creme wie zum Beispiel Ricotta als Grundbelag bestrichen. Auch die Pizza Bianca ist köstlich - unbedingt probieren.

In Rom ist Pizza ebenfalls ein gängiges Streetfood und wird stückweise verkauft - die sogenannte Pizza a taglio. Hier wählen Sie sich Ihren Favorit aus, oder vielleicht auch mehrere, und bezahlt wird dann nach Gewicht. Für eine Pizza a taglio empfehlen wir Ihnen das CasaMano innerhalb des Testaccio Markts. (Via Aldo Manuzio 66C, Nuovo Mercato die Testaccio, Box 22). Genießen Sie ein leckeres Stück Pizza und schlendern Sie über den traditionellen Testaccio Markt.

Wo man am besten hingeht

Sie möchten Ihre Pizza lieber in einer Pizzeria mit echt römischem Flair essen, dann sollten Sie das bei Remo A Testaccio tun. Das Restaurant ist längst kein Geheimtipp mehr und ist sowohl bei Touristen und Einheimischen beliebt. Das Lokal ist eher spartanisch eingerichtet, Papiertischdecken schmücken hier die Tische, welche eng aneinander stehen. Aber immerhin eine gute Möglichkeit mit den Römern ins Gespräch zu kommen. Das Highlight und dominierend ist der Holzofen, sicherlich ein Grund weshalb die Pizza hier wunderbar schmeckt. Freuen Sie sich auf eine traditionelle Pizza Romana aus dem Holzofen im Getümmel der Römer, besonders ab 20:30 Uhr finden Sie hier fast nur noch Einheimische.

Absolute Empfehlung TIPP

Lassen Sie sich von der Auswahl der

Pizza inspirieren, auch vegetarische Optionen werden zahlreich angeboten. Probieren Sie neben der klassischen Pizza Rosso unbedingt eine Pizza Bianca. Die Pizzen sind sehr groß also essen Sie nicht zu viel Antipasti, empfehlenswert sind allerdings die Suppli. Weniger zu empfehlen ist der Wein bei Remo, also bleiben Sie lieber bei alkoholfreien Getränken oder Bier.

So planen Sie Ihren Besuch, damit er zu einem schönen Erlebnis wird

Öffnungszeiten: Es ist von Montag bis Samstag von 19 bis 1 Uhr geöffnet. Sonntags ist Ruhetag.

Beste Besuchszeiten & Reservierung: Die Italiener gehen gerne spät essen, daher empfiehlt es sich schon vor 20 Uhr zu kommen. Zwischen 20:30 und 21:30 Uhr müssen Sie teilweise mit einer Wartezeit von 1 Stunde rechnen. Reservierungen sind hier leider nicht möglich.

Preisniveau: Die Preise in der Pizzeria sind sehr moderat und bieten ein ausgezeichnetes Preis-Leistungs-Verhältnis für die Qualität der Gerichte. Die klassische Pizza Margherita kostet 6 Euro.

Erlebnisse in der Umgebung:

#19 Parco Savello
#8 Caracalla Thermen
#7 Circus Maximus

Wie kommt man am besten hin: Die Metrohaltestelle „Piramide" (Linie B/B1) ist in der Nähe des Restaurants. Von hier können Sie einen 15-minütigen Spaziergang zur Pizzeria machen.

Adresse: Piazza di S Maria Liberatrice 44, 00153 Rom, Italien.

AUF EINEN BLICK

- Keine Reservierung möglich
- 1 bis 2 Stunden
- Moderat
- Vegetarische Optionen
- Piazza di S Maria Liberatrice 44

#30 Osteria Pasta e Vino

Handgemachte Pasta in der Osteria Pasta e Vino schlemmen

In der römischen Küche spielt Pasta eine wichtige und herausragende Rolle. In Italien wird Pasta nicht als Hauptgang serviert, wie es für gewöhnlich in Deutschland der Fall ist, sondern vielmehr als erster Gang (Primo). Zu den typischen Pastaformen gehören Penne, Rigatoni, Bucatini und Tonnarelli, denn diese eignen sich besonders gut, um die herzhaften römischen Saucen und Aromen aufzunehmen.

Die Klassiker und wohl bekanntesten Pastavarianten Roms sind: „Spaghetti alla Carbonara“, „Bucatini all‘Amatriciana“ und „Cacio e Pepe“. „Carbonara“ wird mit Ei, Pecorino-Käse, Guanciale (geräucherter Speck) und schwarzem Pfeffer zubereitet, während „Amatriciana“ Tomaten, Guanciale und Pecorino-Käse enthält. „Cacio e Pepe“ besteht aus Pecorino-Käse und schwarzem Pfeffer und hat einen einzigartigen Geschmack. Angeblich wurde diese Speise von den Hirten erfunden, die auf der Weide in den Rucksäcken immer trockene Nudeln, gereiften Pecorino-Käse und scharfen Pfeffer dabeihatten.

Wo man am besten hingeht

Um in die Welt der Pasta in Rom einzutauchen, empfehlen wir Ihnen die Osteria Pasta e Vino in Trastevere. Freuen Sie sich auf ein rustikales und gemütliches Ambiente – typisch italienisch. Wie der Namen schon erahnen lässt, steht hier die Pasta und der Wein im Mittelpunkt. Das Besondere an der Pasta ist, dass sie hausgemacht ist und Sie sogar bei der Herstellung zuschauen können. Denn die Pasta wird im Restaurant an einer Glasscheibe ständig frisch zubereitet und Sie können die gewünschte Pasta Sorte und die Soße immer frei zusammenstellen.

Die Geschichte des Pasta e Vino beginnt bereits 1936, denn die Inspirationsquelle für die Osteria waren die beiden Großmütter der Familie. Von Nonna Iris stammt das Rezept für die Pasta: als Mutter von 4 Kindern und fast 50 Enkelkindern wusste Sie wie man schnell und trotzdem makellose Pasta für eine Großfamilie zaubert. Die Rezepte für die Soßen und Hauptgerichte stammen von der Nonna Carmela: sie führte zusammen mit ihrem Mann Gigi einen der historischen Lebensmittelläden im Stadtteil Trastevere und arbeitete jeden Tag von früh bis spät, so dass sie teils durch Zufall, teils durch Glück mit Rezepten experimentierte, die zu den heutigen Köstlichkeiten im Restaurant zählen.

Absolute Empfehlung TIPP

Probieren Sie unbedingt die Pasta Carbonara – ganz klassisch italienisch ohne Sahne. Sie schmeckt köstlich cremig und würzig, Sie werden begeistert sein.

So planen Sie Ihren Besuch, damit er zu einem schönen Erlebnis wird

Öffnungszeiten: Das Restaurant hat täglich durchgängig von 12 bis 24 Uhr geöffnet.

Beste Besuchszeiten & Reservierung: Um sicher einen Platz zu bekommen, empfehlen wir einen Tisch auf der Webseite zu reservieren: pastaevinoroma.it. Mit weniger Andrang können Sie vor 13 Uhr und zwischen 16 und 20 Uhr rechnen.

Preisniveau: Die Osteria bietet moderate Preise. Eine große Portion Pasta Carbonara liegt bei 12,50 Euro.

Erlebnisse in der Umgebung: Ein Besuch in der Osteria Pasta e Vino lässt sich mit den folgenden Erlebnissen am besten kombinieren:

#20 Piazza Trilussa
#13 Bar San Calisto
#18 La Terazza del Gianicolo

Wie kommt man am besten hin: Die Straßenbahnhaltestelle „Trastevere" (Linie 8) ist die nächstgelegene. Von dort kommen Sie einfach zu Fuß (7 Minuten) zum Restaurant.

Adresse: Via della Pelliccia 12, 00153 Rom, Italien.

AUF EINEN BLICK

- Reservierung empfohlen
- 1 bis 2 Stunden
- Moderat
- Vegetarische Optionen
- Via della Pelliccia 12

#31 Das Otello

Das Dolce Vita Gefühl im Otello erleben

Im Stadtviertel Trastevere kommt schnell das wirkliche Gefühl von Dolce Vita auf. Trastevere ist der Ort, um das wahre, unverfälschte Leben in Rom zu erleben. Es ist ein Ort, an dem Sie sich in den Gassen verlieren und den Zauber einer der charismatischsten Gegenden der Stadt spüren können. Auch das kulinarische Angebot ist hier sehr vielfältig, das liegt nicht zuletzt daran, dass bei den Römern Essen eine sehr große Bedeutung hat.

Wo man am besten hingeht

Um in das Gefühl des italienischen Dolce Vita einzutauchen, empfehlen wir Ihnen einen Besuch in der Osteria Pizzeria Da Otello. Hier werden Sie begrüßt von herzlicher Gastfreundschaft im typischen Tavernen Stil: rot-weiß karierte Tischdecken, getrocknete Chilis und einer Weinflasche auf dem Tisch mit hervorragender römischer Küche.

Im Innenbereich ist das Ambiente gemütlich und rustikal durch die mit Holz getäfelten Wände. Wenn Sie im Außenbereich sitzen, haben Sie einen Logenplatz inmitten von Trastevere. Die Tische sind entlang der romantischen engen Gasse platziert, sodass Sie wunderbar das Treiben der Menschen beobachten können.

Absolute Empfehlung TIPP

Das Otello ist bekannt für seine köstliche Lasagne, die Sie unbedingt probieren sollten. Eine gute Lasagne zeichnet sich durch die perfekte Kombination von Pasta, Fleischsauce, Béchamelsauce und Käse aus. Im der Osteria Otello sind diese Schichten reichhaltig und harmonisch miteinander verwoben. Jeder Bissen bietet eine Explosion von Aromen, mit einer knusprigen Oberfläche und einer zarten saftigen Mitte.

Die Osteria Pizzeria Da Otello ist ein besonderer Ort in Rom. Hier verschmelzen traditionelle römische Rezepte und herzliche Gastfreundschaft zu einem unvergesslichen kulinarischen Erlebnis. Ein echtes Highlight für alle, die die authentische römische Küche erleben möchten.

So planen Sie Ihren Besuch, damit er zu einem schönen Erlebnis wird

Öffnungszeiten: Montag bis Freitag hat die Osteria abends von 18 bis 24 Uhr geöffnet. An Wochenenden auch tagsüber von 11 bis 24 Uhr.

Beste Besuchszeiten & Reservierung: Das Restaurant ist sehr beliebt, aber bietet keine Reservierungen an. Daher brauchen Sie ein wenig Geduld. Am besten gehen Sie bereits vor 19 Uhr am Abend hin, um direkt einen Tisch zu bekommen. Um 20 Uhr kann die Wartezeit bis zu 45 Minuten betragen.

Preisniveau: Das Otello bietet ein gutes Preis-Leistungsverhältnis. Die Vorspeisen liegen im Schnitt bei 10 Euro, Pizza uns Pasta bei 13 Euro.

Erlebnisse in der Umgebung: Ein Besuch im Otello lässt sich mit den folgenden Erlebnissen am besten kombinieren:

#35 Botanischer Garten
#13 Bar San Calisto
#20 Piazza Trilussa

Wie kommt man am besten hin: Die Straßenbahnhaltestelle „Trastevere" (Linie 8) ist in unmittelbarer nähen des Otello. Von hier gelangen Sie mit einem kurzen Fußweg (8 Minuten) zum Restaurant.

Adresse: Via della Pelliccia, 47/53, 00153 Rom, Italien.

AUF EINEN BLICK

- Keine Reservierung möglich
- 1 bis 2 Stunden
- Moderat
- Vegetarische Optionen
- Via della Pelliccia 47/53

#32 Retro-bottega

Tauchen Sie ein in die moderne gehobene Küche Roms

Sie haben sich bereits durch die Klassiker wie Cacio e Pepe und Pasta Carbonara durchgeschlemmt? Kein Problem, denn auch die moderne, gehobene Küche hat in Rom ihren festen Platz, viele davon mit einer Michelin Guide Empfehlung.

Wo man am besten hingeht

Im Retrobottega erwartet Sie ein minimalistisches, modernes Restauranterlebnis mit klaren Linien und dunkler Einrichtung. Hier haben die talentierten Eigentümer und Köche, Alessandro Miocchi und Giuseppe Lo Iudice, die handwerkliche Tradition in zeitgenössische, aufregende Gerichte verwandelt. Die offene Küche bietet ein einladendes Ambiente, in dem die Gäste an großen Gemeinschaftstischen Platz nehmen. Das Restaurant bietet Abendmenüs, darunter eine Auswahl aus Fisch, Fleisch und vegetarischen Gerichten. Die Kombinationen in den Gerichten sind kühn, aber geschmacklich beeindruckend. Eine umfangreiche Weinkarte mit Schwerpunkt auf Champagner und Weinen von kleinen Produzenten aus ganz Italien rundet das Erlebnis ab. Das Retrobottega bietet ein kulinarisches Erlebnis, das für alle geeignet ist, die moderne, saisonale Küche mit raffiniertem Geschmack genießen möchten. Dieses Restaurant zeichnet sich zudem durch die Möglichkeit aus, Frühstück, Mittagessen und Abendessen zu genießen, und bietet darüber hinaus Degustationsmenüs an. Ein Ort, an dem handwerkliche Tradition auf zeitgenössische Raffinesse trifft.

So planen Sie Ihren Besuch, damit er zu einem schönen Erlebnis wird

Öffnungszeiten: Das Retrobottega hat Dienstag bis Samstag von 08:30 bis 24:00 Uhr und sonntags von 08:30 bis 24:00 Uhr geöffnet. Montags ist geschlossen.

Beste Besuchszeiten & Reservierung: Das Restaurant ist mit seinen 10 Sitzplätzen sehr klein, weshalb wir empfehlen im Voraus einen Tisch zu reservieren. Das können Sie online direkt beim Restaurant tun: retro-bottega.com. Mit etwas Glück kann man aber auch spontan vorbeikommen und einen der beliebten Plätze ergattern.

Besuchsdauer: Planen Sie 1 bis 3 Stunden ein, je nachdem ob Sie A la Carte essen möchten oder ein Degustationsmenü bestellen.

Preisniveau: Die Preise im Retrobottega spiegeln die Qualität der Gerichte und das besondere Erlebnis wider. Im Vergleich zu einer Trattoria sind die Preise gehoben. Ein Risotto kostet 17 Euro, das Degustationsmenü mit 8 Gängen kostet 90 Euro pro Person.

Erlebnisse in der Umgebung: Ein Besuch im Retrobottega lässt sich mit den folgenden Erlebnissen am besten kombinieren:

#10 Piazza Navona
#9 Trevi Brunnen
#17 Via dei Condotti

Wie kommt man am besten hin: Die Metrohaltestelle „Spagna“ (Linie A) ist ganz in der Nähe des Restaurants. Planen Sie von hier aus einen 15-minütigen Spaziergang zum Retrobottega.

Adresse: Via d´Ascano 26A, 00186 Rom, Italien.

AUF EINEN BLICK

- Reservierung empfohlen
- 1 bis 3 Stunden
- Gehoben
- Vegetarische Optionen
- Via d´Ascano 26A

#33

Il Convivio Troiani

Genießen auf Sterneniveau

Neben traditionellen Restaurants mit einfachen köstlichen Gerichten, hat Rom auch einiges im Bereich der gehobenen Küche zu bieten. Knapp 90 Restaurants in Rom finden ihren Platz im Guide Michelin.

Eine Empfehlung ist das Il Convivio Troiani, welches mit einem Michelin Stern ausgezeichnet ist. Eine kulinarische Oase in Rom, das die Herzen von Feinschmeckern erobert hat. Hier erwartet Sie ein unvergleichliches kulinarisches Erlebnis, bei dem raffinierte italienische Küche auf höchstem Niveau zelebriert wird. Erleben Sie die moderne italienische Küche in ihrer ganzen Pracht. Die Gerichte sind eine Fusion aus traditionellen Aromen und zeitgemäßen Präsentationen. Außerdem erwartet Sie eine ausgezeichnete Weinkarte mit rund 3.600 erlesenen Flaschen.

Das Restaurant wird seit 1990 von den drei Brüdern Angelo, Giuseppe und Massimo Troiani geführt. Angelo in der Küche und Giuseppe und Massimo direkt bei den Gästen. Die Brüder sind 1988 nach Rom gekommen, mit dem Traum ein eigenes Restaurant zu eröffnen. Das geschieht 1990, als das Il Convivio in der Via dell'Orso Nr. 44 eröffnet wird: ein Stadtteil Roms, der sich historisch für das Gastgewerbe eignet. Im Laufe der Jahre, 1998 wird das Restaurant an den heutigen Standort im Vicolo dei Soldati 31 verlegt, nicht weit von der Piazza Navona entfernt, wo das Il Convivio Troiani seinen ersten Michelin-Stern erhält.

Das Restaurant hat drei elegante Räume mit Gewölbedecken und befindet sich in einem historischen Gebäude, das von einem alten Turm überragt wird, in dem früher Soldaten einquartiert waren.

Absolute Empfehlung TIPP

Das Tasting-Menü ist ein wahres Fest für die Sinne. Es ermöglicht Ihnen, eine Vielzahl von Geschmacksrichtungen und Texturen zu erkunden und ist ein absolutes Highlight für Feinschmecker.

Im Il Convivio Troiani erleben Sie eine kulinarische Reise, die Sie nicht vergessen werden. Perfekt geeignet, um die exquisite Küche dieses Restaurants zu entdecken. Es ist ein Ort für anspruchsvolle Feinschmecker, die auf der Suche nach einem unvergesslichen kulinarischen Erlebnis sind.

So planen Sie Ihren Besuch, damit er zu einem schönen Erlebnis wird

Öffnungszeiten: Das Il Convivio Troiani hat Montag bis Samstag von 19:30 bis 23:00 Uhr geöffnet. Sonntags ist das Restaurant geschlossen.

Beste Besuchszeiten & Reservierung: Aufgrund seiner Beliebtheit und des exklusiven Charakters des Restaurants empfehlen wir dringend, im Voraus einen Tisch zu reservieren, um sicherzustellen, dass Sie einen Platz erhalten. Das können Sie online direkt beim Restaurant tun: ilconviviotroiani.it.

Preisniveau: Die Preise im Il Convivio Troiani spiegeln die Qualität der Gerichte und das exklusive Erlebnis wider. Es ist sicherlich eine gehobenere Wahl, die sich jedoch für besondere Anlässe oder ein unvergessliches kulinarisches Erlebnis lohnt. Das 5-Gänge Tasting Menü kostet beispielweise 135 Euro pro Person.

Erlebnisse in der Umgebung: Ein Besuch im Il Convivio Troiani lässt sich mit den folgenden Erlebnissen am besten kombinieren:

#10 Piazza Navona
#9 Trevi Brunnen

Wie kommt man am besten hin: Die Bushaltestelle „Zanardelli“ (Linie 30, 628, 70,87) ist in unmittelbarer nähen des Restaurants. Von hier gelangen Sie in 3 Minuten zu Fuß zum Il Convivio Troiani.

Adresse: Il Convivio Troiani, Vicolo dei Soldati, 31, 00186 Rom, Italien.

AUF EINEN BLICK

- Reservierung empfohlen
- Mindestens 3 Stunden
- Gehoben
- Vegetarische Optionen
- Vicolo dei Soldati 31

Lepanto
Ottaviano
Cipro
Prati Station
Valle Aurelia
#35 Garten
Orto Botanico
#34 Park Villa
Doria Pamphili

Dolce fare niente

Die Kunst des Nichtstuns in den idyllischen Parks von Rom zelebrieren

Scannen Sie den QR Code um zur digitalen Karte zu gelangen

#34

Villa Doria Pamphili

Erholung und Bewegung in Roms Prachtgarten

AUF EINEN BLICK

- Öffentlich zugänglich
- 1 bis 3 Stunden
- Kostenfrei
- Via di S. Pancrazio

Der Park Villa Doria Pamphili ist einer der größten und beeindruckendsten Parks in Rom. Der Park ist äußerst ruhig und bietet somit eine hervorragende Gelegenheit, dem Stadttrubel zu entkommen und die Natur sowie die grüne Umgebung zu genießen.

Entstehung und Bedeutung: Der Park trägt den Namen der Villa Doria Pamphili, die sich im Norden des Parks befindet. Daher wird der Park oft einfach als Villa Pamphili bezeichnet. Die Villa war ursprünglich der private Landsitz der adeligen Pamphili-Familie und wurde im 17. Jahrhundert erbaut. Seit Mitte des 19. Jahrhunderts ist das Anwesen in der Hand des Italienischen Staats.

Das erwartet Sie: Der Park der Villa Doria Pamphili erstreckt sich über eine Fläche von etwa 1,8 km^2. Er liegt im westlichen Teil Roms, etwas außerhalb des historischen Stadtzentrums, was ihm eine besonders ruhige Atmosphäre verleiht. Der Park verfügt über weitläufige Gärten, Wälder und einen See. Es gibt mehrere prächtige Springbrunnen und historische Gebäude, die den Park schmücken.

Highlights TIPP

Villa Doria Pamphili: Entdecken Sie die Villa und ihren prächtigen barocken Garten. Dieser wird heute vor allem für repräsentative Anlässe genutzt, wie den Empfang ausländischer Staatsoberhäupter und Regierungschefs durch den italienischen Ministerpräsidenten.

Spazieren und Joggen: Der Park bietet eine Vielzahl von Wegen, die sich hervorragend zum Spazieren oder joggen eignen.

Eine Pause im Café ViVi: Im südlichen Teil des Parks, leicht östlich der durch den Park verlaufenden Via Leone XIII, finden Sie das bezaubernde Café „ViVi - Villa Pamphili". Hier erwartet Sie eine reichhaltige Auswahl an Getränken, köstlichen Kuchen und warmen Speisen.

Der Park Villa Doria Pamphili bietet eine ideale Gelegenheit, dem hektischen Treiben Roms zu entkommen, die Natur zu genießen und zu entspannen.

So planen Sie Ihren Besuch, damit er zu einem schönen Erlebnis wird

Öffnungszeiten: Die Öffnungszeiten des Parks ändern sich je nach Jahreszeit:

- Oktober bis Februar: 7 bis 18 Uhr
- März bis September: 7 bis 20 Uhr
- April bis August: 7 bis 21 Uhr

Beste Besuchszeiten: Die wenigsten Menschen befinden sich unter der Woche am Vormittag und frühen Nachmittag im Park Villa Doria Pamphili. Bei gutem Wetter, insbesondere an Wochenenden, ist der Park ein beliebtes Ausflugsziel. Wenn Sie den Park an diesen Tagen in Ruhe besuchen möchten, empfehlen wir einen Besuch am Morgen oder am frühen Nachmittag.

Besuchsdauer: Etwa 1 bis 3 Stunden, je nachdem, wie ausführlich Sie den Park ansehen möchten und ob Sie ein Picknick planen.
Tickets: Der Eintritt in den Park Villa Doria Pamphili ist kostenfrei und es ist kein Ticket erforderlich.

Erlebnisse in der Umgebung: Ein Besuch im Park Villa Doria Pamphili lässt sich mit den folgenden Erlebnissen am besten kombinieren:

#28 Tonnarello
#31 Otello
#13 Bar San Calisto

Wie kommt man am besten hin:

Zugang über den Nordeingang (Bus) – Per Bus erreichbar über die Haltestelle „Piccolomini N./Cardinale Ferrata", von dort aus sind es etwa 10 Gehminuten.

Zugang über den Westeingang (Bus oder Auto)

- Per Bus erreichbar über die Haltestelle „Leone XIII/Villa Pamphili", die Haltestelle befindet sich direkt gegenüber dem Eingang.
- Mit dem Auto erreichbar auf der „Via Leone XIII". Fahren Sie die Straße Richtung Süden, bis zur Parkbucht auf der rechten Seite. Dort stehen Ihnen Parkplätze zur Verfügung.

Adresse: Via di S. Pancrazio, 00152 Rom, Italien.

#35 Orto Botanico di Roma

Die Vielfalt der Pflanzen im botanischen Garten Roms entdecken

AUF EINEN BLICK

- Öffentlich zugänglich
- 1 bis 2 Stunden
- Kostenfrei
- Largo Cristina di Svezia 23 A - 24

Der Orto Botanico di Roma, auch bekannt als der Botanische Garten von Rom, ist ein reizvoller und entspannender Ort inmitten der italienischen Hauptstadt. Dieser botanische Garten ist ein Paradies für Naturliebhaber und bietet eine Vielzahl von Pflanzenarten in einer friedlichen und lehrreichen Umgebung.

Entstehung und Bedeutung: Der Botanische Garten wurde im 19. Jahrhundert gegründet und ist einer der ältesten botanischen Gärten Europas. Er wurde 1883 der Öffentlichkeit zugänglich gemacht und ist heute Teil der Sapienza Universität von Rom.

Das erwartet Sie: Der Garten ist 12 Hektar groß und beherbergt eine beeindruckende Sammlung von Pflanzen aus der ganzen Welt. Hier finden Sie mediterrane Flora, tropische Pflanzen, Sukkulenten, Orchideen, Kakteen und vieles mehr. Es ist ein wahrer Schatz für Botanik -Interessierte. Der Garten ist in verschiedene Bereiche unterteilt, darunter ein Rosengarten, ein japanischer Garten, ein Gewächshauskomplex und ein Teich. Jeder Bereich bietet eine einzigartige Pflanzenerfahrung.

Der Botanische Garten verfolgt nicht nur den Zweck der Erholung, sondern auch der Bildung. Er bietet Informationen über die Pflanzenwelt, ihre Herkunft und ihre Bedeutung für die Umwelt.

Highlights TIPP

Wilde Sittiche: Mit etwas Glück können Sie im Botanischen Garten wilde Halsbandsittiche sehen. Diese waren ursprünglich ein Geschenk für den vatikanischen Zoo von Papst Johannes Paul dem Zweiten. Dort sind Sie allerdings ausgebüchst und leben seither in freier Wildbahn im Vatikan und im Botanischen Garten.

Der Garten der Sinne: Der Garten der Sinne eröffnet eine faszinierende Welt der Wahrnehmung, in der der Tastsinn und der Geruchssinn im Mittelpunkt stehen. 40 sorgfältig ausgewählte Pflanzenarten, die darauf warten, durch Berührung und Duft entdeckt zu werden.

Bambuswald: Der beeindruckende Bambuswald zählt zu einer der reichsten Sammlungen Europas, hier finden Sie 70 verschiedene Arten von Bambus und der Wald eignet sich perfekt für ein kleines Versteckspiel mit Kindern.

Der Botanische Garten ist ein großartiger Ort für einen entspannten Spaziergang, für die Naturfotografie oder einfach nur, um etwas über die Pflanzenwelt zu lernen.

So planen Sie Ihren Besuch, damit er zu einem schönen Erlebnis wird

Öffnungszeiten: Der Orto Botanico ist ganzjährig zwischen 09:00-18:30 Uhr geöffnet. Achtung! Der letzte Einlass erfolgt eine Stunde vor Schluss, was 17:30 Uhr entspricht.

Beste Besuchszeiten: Die wenigsten Menschen befinden sich unter der Woche am Vormittag und frühen Nachmittag im Orto Botanico. Insbesondere an Wochenenden ist der Garten ein beliebtes Ausflugsziel.

Besuchsdauer: Bitte planen Sie mindestens 1 bis 2 Stunden ein um den Garten in angemessener Zeit zu erkunden.

Tickets: Tickets erhalten Sie direkt am Orto Botanico, aktuell gelten folgenden Preise:

- 5 Euro für Erwachsene
- 4 Euro für Kinder und Jugendliche von 6-18 Jahren
- Kostenfrei für Kinder und Jugendliche unter 6 Jahren

Barrierefreiheit: Der Garten zählt durch einen speziellen Pfad für Rollstuhlfahrer zu den barrierefreien Gärten in Rom. Zusätzlich gibt es zwei batteriebetriebene Fahrzeuge, um auf den Hügel zu kommen.

Erlebnisse in der Umgebung: Ein Besuch im Orto Botanico lässt sich mit den folgenden Erlebnissen am besten kombinieren:

#18 La Terazza Del Gianicolo
#20 Piazza Trilussa
#26 Trapizzino

Wie kommt man am besten hin: Den Orto Botanico befindet sich innerhalb des Parco Gianicolo. Den Parco Gianicolo erreichen Sie am besten über die die Bushaltestelle „P.Le Garibaldi G." Von dort aus erreichen Sie den Park und den Orto Botanico in 5-10 Gehminuten.

Adresse: Largo Cristina di Svezia, 23 A - 24, 0165 Rom, Italien.

#36
Park Villa Ada

Abenteuer und Entspannung in Roms vielseitigstem Park

AUF EINEN BLICK

- Öffentlich zugänglich
- 1 bis 3 Stunden
- Kostenfrei
- Via Salaria 265

Der Park Villa Ada ist ein malerischer und besonders vielseitiger Park im Norden Roms. Der Park besticht durch seine Schönheit, ruhige Lage und der Vielfalt an Aktivitäten.

Entstehung und Bedeutung: Die Geschichte des Parks ist eng mit der italienischen Königsfamilie Savoyen verknüpft, die das Anwesen im 19. Jahrhundert erwarb. Mit der Ausrufung der Republik in der Mitte des 20. Jahrhunderts ging der Park in öffentlichen Besitz über. Heutzutage besteht der Park aus einem öffentlichen Teil und einem kleinen privaten Teil, in welchem sich die ägyptische Botschaft befindet. Villa Ada ist besonders bekannt für seine vielfältige Flora.

Das erwartet Sie: Der Park Villa Ada erstreckt sich über eine 1,8 km2 große Fläche etwas außerhalb des Stadtzentrums und ist damit der zweitgrößte Park der Stadt. Er bietet eine Fülle natürlicher Schönheit, darunter ausgedehnte Wälder, grüne Wiesen und zwei idyllische Seen. Die üppige Vegetation umfasst unter anderem Zypressen, Pinien, Zwergpalmen und Metasequoia. Zudem befinden sich im Park ein schöner Spielplatz, ein Reitplatz, ein Fitnessparcour sowie viele historische Bauwerke. Während der Sommermonate wird der Park oft für Konzerte und Veranstaltungen genutzt.

Highlights TIPP

Paddelboot fahren auf dem Ada See: Im nördlichen Teil des Parks liegt der idyllische Villa Ada See, wo Sie in den Sommermonaten Paddelboote mieten können.

Priscilla Katakomben besuchen: Am östlichen Rand des Parks befinden sich die Priscilla Katakomben. Dieser 30-minütige Ausflug eignet sich besonders für Abenteuerlustige. Der Besuch kostet 10 Euro pro Person und ist nur mit einer Führung buchbar. Alle Informationen finden Sie hier: catacombepriscilla.com/information/

Villa Ada Festival: Das Villa Ada Festival erstreckt sich jährlich von Anfang Juli bis Ende September und erfreut sich großer Beliebtheit bei den Einheimischen. Es bietet eine Vielzahl von Auftritten von lokalen Musikern und Künstlern, wobei viele dieser Auftritte kostenlos sind. Weitere Informationen finden Sie auf der Webseite der Veranstalter unter: villaadafestival.it

Villa Ada ist ein ruhiger und malerischer Ort, um der Hektik Roms zu entfliehen, die Natur zu genießen und zu entspannen. Machen Sie einen Spaziergang um den See, erkunden Sie die Gärten und lauschen Sie den Vögeln. Der Park bietet eine willkommene Abwechslung zum geschäftigen Treiben der Stadt und ist perfekt für ein Picknick oder eine erholsame Pause.

So planen Sie Ihren Besuch, damit er zu einem schönen Erlebnis wird

Öffnungszeiten: Der Park hat täglich von 07 Uhr bis Sonnenuntergang offen. Bitte prüfen Sie die Zeit des Sonnenuntergangs sofern Sie den Park am Nachmittag bzw. Abend besuchen möchten.

Beste Besuchszeiten: Die wenigsten Menschen befinden sich unter der Woche am Vormittag und frühen Nachmittag im Park Villa Ada. Bei gutem Wetter, insbesondere an Wochenenden, ist der Park ein beliebtes Ausflugsziel. Wenn Sie den Park an diesen Tagen in Ruhe besuchen möchten, empfehlen wir einen Besuch am Morgen oder am frühen Nachmittag.

Besuchsdauer: Etwa 1 bis 3 Stunden, je nachdem, wie ausführlich Sie den Park ansehen möchten und ob Sie ein Picknick planen.

Tickets: Der Eintritt in den Park Villa Ada ist kostenfrei und es ist kein Ticket erforderlich.

Erlebnisse in der Umgebung: Ein Besuch im Park Villa Ada lässt sich mit den folgenden Erlebnissen am besten kombinieren:

#40 Galleria Nazionale d‘Arte Moderna e Contemporanea (GNAM)
#37 Galleria Borghese

Wie kommt man am besten hin: Der Park verfügt über insgesamt 6 Eingänge. Wir empfehlen den Eingang an der Via Salara 265, welchen Sie von der Bushaltestelle „Panama/Salaria“ in 5-10 Gehminuten erreichen.

Adresse: Via Salaria, 265, 00138 Rom, Italien.

Leonardo da Vinci & Michelan-gelo

Eine künstlerische Reise durch Rom

Scannen Sie den QR Code um zur digitalen Karte zu gelangen

Libia
Sant'Agnese - Annibaliano
#40 Galleria Nazionale d'Arte Moderna e Contemporanea (GNAM)
#37 Galleria Borghese
Bologna
Policlinico
Barberini
#39 Palazzo Barberini
Repubblica
Termini
Repubblica
Vittorio Emanuele
Colosseo
Manzoni
Circo Massimo

#37 Galleria Borghese

Eine meisterhafte Schatzkammer der Kunst in Rom

AUF EINEN BLICK

- Ticketreservierung empfohlen
- 1 bis 2 Stunden
- 16 Euro für Erwachsene
- Piazzale Scipione Borghese 5

Die Galleria Borghese ist ein wahres Paradies für Kunstliebhaber. In diesem prächtigen Renaissance-Palast erwartet Sie eine Schatzkammer voller Meisterwerke, die die Seele berühren.

Entstehung und Bedeutung

Die Galleria Borghese zieht sowohl Kunstliebhaber als auch Architekturfans gleichermaßen an. Diese beeindruckende Sammlung ermöglicht einen faszinierenden Einblick in Kunst und Kultur über verschiedene Epochen hinweg. Die internationale Bedeutung dieser Sammlung ist unbestreitbar.

Doch nicht nur die Exponate machen einen Besuch hier unvergesslich, sondern auch die außergewöhnliche Lage des Museums. Mitten im nördlichen Teil von Rom thront die Galleria Borghese majestätisch im weitläufigen Park „Villa Borghese“. Die Sammlung wurde im 17. Jahrhundert von Kardinal Scipione Borghese zusammengetragen, einem wahren Kunstmäzen und Neffen von Papst Paul V. Das Gebäude selbst ist ein architektonisches Meisterwerk der späten italienischen Renaissance und wurde zwischen 1613 und 1616 erbaut. Die Galerie ist wunderbar erhalten und bewahrt ihren ursprünglichen Stil auch im Inneren. Neben ihrer Kunstsammlung ist die Villa auch für ihre bemerkenswerte Fresken bekannt.

Das erwartet Sie: Die beeindruckende Galleria Borghese birgt einen Schatz an Kunstwerken, der sich über verschiedene Epochen und Stile erstreckt. In der Sammlung finden Sie atemberaubende Gemälde, Skulpturen und antike Artefakte. Werke von Meistern wie Gian Lorenzo Bernini, Correggio, Caravaggio, Tizian und Canova werden Ihre Sinne bezaubern.

Highlights TIPP

Die besonderen Meisterwerke: Die Galleria beherbergt zwei besonders bekannte und sehenswerte Meisterwerke, die Skulptur „Paolina Borhese Bonaparte als Venus Victrix“ von Antonio Canova sowie das Gemälde „Danaë“ von Correggio.

Die Bernini-Pracht: Besonders hervorzuheben sind die Werke des Barockbildhauers Gian Lorenzo Bernini, darunter „Apoll und Daphne“ und „Der Raub der Proserpina“. Hier wird die Lebendigkeit von Marmor zum Leben erweckt.

Die Magie Caravaggios: Tauchen Sie ein in die düstere Welt des Barockmalers Caravaggio mit seinen Werken wie dem „Selbstporträt als Kranker Bacchus“ und „David mit dem Haupt des Goliaths“.

Die Galleria Borghese ist ein Ort, an dem Kunst lebendig wird. Planen Sie ausreichend Zeit ein, um in die Meisterwerke einzutauchen und die faszinierende Geschichte dieses Museums zu erkunden. Hier ist Kunst nicht nur Sehen, sondern Fühlen.

So planen Sie Ihren Besuch, damit er zu einem schönen Erlebnis wird

Öffnungszeiten: Das Museum ist dienstags bis sonntags von 9 Uhr bis 19 Uhr geöffnet. An Montagen, sowie am 25. Dezember und am 01. Januar ist das Museum geschlossen.

Achtung! Der Zutritt ist nur mit vorherigem Ticketkauf möglich. Die Besuchszeit ist auf 2 Stunden pro Besuch begrenzt. Der letzte Einlass findet um 17:45 Uhr statt. Der Kartenverkaufsschalter ist täglich bis 18 Uhr geöffnet.

Beste Besuchszeiten: Die besten Zeiten für einen Besuch sind normalerweise früh morgens oder spätnachmittags. Diese Zeiten bieten weniger Besucher als sonst.

Besuchsdauer: Planen Sie etwa 1 bis 2 Stunden ein, um die das Museum in Ruhe zu erkunden.

Tickets: Tickets erhalten Sie online oder via Telefon, Zutritt ohne vorherige Reservierung ist nicht gestattet. Aktuell gelten folgenden Preise (inkl. Reservierungsgebühr):

- 16 Euro für Erwachsene
- 5 Euro für EU-Bürger zwischen 18-25 Jahren
- 2 Euro für Kinder und Jugendliche unter 18 Jahren

Tickets unter: galleriaborghese.beniculturali.it/en (folgen Sie auf der Webseite dem Menüpunkt „Visit“ und dann gelangen Sie zu „Tickets“)

Audioguides & Führungen: Das Museum bietet Audioguides und Gruppenführungen in Englisch an. Führungen finden zu den folgenden Zeiten statt:

- Dienstag bis Donnerstag um 9 Uhr morgens
- Freitag bis Sonntag:
    - 9 und 11 Uhr
    - 15 und 17 Uhr

Sofern Sie an einer Führung teilnehmen möchten, ist eine Reservierung erforderlich, bitte kontaktieren Sie hierzu das Museum. Aktuelle Informationen und Buchungsmöglichkeiten der Führungen finden Sie unter:

galleriaborghese.beniculturali.it/en (folgen Sie auf der Webseite dem Menüpunkt „Visit“ und dann gelangen Sie zu „Guided Tours“)

Erlebnisse in der Umgebung: Die Galleria Borghese lässt sich mit den folgenden Erlebnissen am besten kombinieren:

#6 Spanische Treppe
#24 Bar Caffe´ Maneschi
#17 Via dei Condotti
#40 Galleria Nazionale d'Arte Moderna e Contemporanea (GNAM)

Wie kommt man am besten hin: Das Museum ist von der Bushaltestelle „Pinciana/Museo Borghese“ in 5 Gehminuten erreichbar. Alternativ können Sie die Galleria Borghese von der Metro-Haltestelle „Spagna“ in etwa 20 Minuten zu Fuß erreichen.

Adresse: Piazzale Scipione Borghese, 5, 00197 Rom, Italien.

#38 MAXXI

Im MAXXI innovative und experimentelle Kunst entdecken

AUF EINEN BLICK

- Ticketreservierung empfohlen
- 2 bis 3 Stunden
- 12 Euro für Erwachsene
- Via Guido Reni 4A

Das MAXXI (Museo nazionale delle arti del XXI secolo) ist das Museum für moderne Kunst in Rom und in Italien. Ein Tag hier verspricht Besuchern und Kunstliebhabern eine besondere Form von Inspiration auf 29.000 m².

Entstehung und Bedeutung: Im Jahr 2010 öffnete das MAXXI seine Türen. Es ist stolz darauf, das erste nationale Museum Italiens zu sein, das sich ausschließlich der Kunst und Architektur des 21. Jahrhunderts verschrieben hat. Das von der renommierten Architektin Zaha Hadid entworfene Gebäude ist ein architektonisches Meisterwerk und ein absolutes Highlight für Architektur- und Designliebhaber.

Doch nicht nur das beeindruckende Gebäude macht einen Besuch lohnenswert. Das Museum spielt auch eine zentrale Rolle in der Bildung. Es beherbergt Forschungsgruppen, Workshops und Bildungsinitiativen, und dient als Dreh- und Angelpunkt für zahlreiche Veranstaltungen. Somit ist es zu Recht ein fester Bestandteil des kulturellen Lebens in Rom geworden.

Das erwartet Sie: In seinen Hallen finden Sie eine beeindruckende Dauerausstellung mit Werken renommierter Künstler wie Francesco Clemente, William Kentridge und Gerhard Richter. Doch das ist noch nicht alles. Das Museum bietet kontinuierlich wechselnde Sonderausstellungen und Projekte, die stets neue, aufregende künstlerische Perspektiven präsentieren. Neben den

Ausstellungen verfügt das MAXXI über ein Café, eine Bibliothek, eine Mediathek und einen Buchladen.

Highlights TIPP

Beeindruckende Architektur: Lassen Sie sich von der modernen Architektur des MAXXI verzaubern. Hier verschmelzen organische Formen, schwebende Galerien und ein einzigartiges Raumgefühl zu einem künstlerischen Meisterwerk.

Kunst und Installationen mit Erlebnischarakter: Das MAXXI überrascht immer wieder mit erlebbarer Kunst und Installationen, welche Ihren Besuch zu einem besonderen Erlebnis machen.

Nehmen Sie sich Zeit, um die faszinierende Architektur des MAXXI zu bewundern. Tauchen Sie ein in die Ausstellungen und verpassen Sie nicht die Gelegenheit, an den kulturellen Veranstaltungen teilzunehmen. Das MAXXI ist ein Muss für Kunst- und Architekturliebhaber und bietet eine einzigartige Gelegenheit, sich von der Kunst des 21. Jahrhunderts inspirieren zu lassen.

So planen Sie Ihren Besuch, damit er zu einem schönen Erlebnis wird

Öffnungszeiten: Das Museum ist dienstags bis sonntags von 9 Uhr bis 19 Uhr geöffnet. An Montagen, sowie am 25. Dezember und am 01. Januar ist das Museum geschlossen.

Achtung! Der Kartenverkaufsschalter schließt um 18 Uhr.

Beste Besuchszeiten: Die besten Zeiten für einen Besuch sind normalerweise am Vormittag. Unter der Woche bietet sich ein Besuch am Nachmittag an. Diese Zeiten bieten weniger Besucher als sonst.

Besuchsdauer: Planen Sie etwa 2 bis 3 Stunden ein, um das Museum in Ruhe zu erkunden.

Tickets: Tickets erhalten Sie direkt im MAXXI oder Online, aktuell gelten folgende Preise:

- 12 Euro für Erwachsene
- 9 Euro für EU-Bürger zwischen 14-25 Jahren
- Kostenfrei für Kinder und Jugendliche unter 14 Jahren

Achtung! Um Wartezeiten am Einlass zu vermeiden, empfehlen wir Ihnen Ihre Tickets im Voraus im Internet unter maxxi.art/en zu buchen. Da die Online-Tickets schnell ausverkauft sind, empfehlen wir Ihnen 2-3 Wochen im Voraus zu buchen.

Auf der Webseite klicken Sie den Menüpunkt „visit“, dann auf „opening hours and tickets“ und wählen Sie ihr gewünschtes Ticket. Achtung! Bitte beachten Sie, dass die Webseite für den Verkauf ausschließlich auf Italienisch verfügbar ist. Falls Sie Hilfe benötigen, verwenden Sie bitte eine Übersetzungssoftware oder kontaktieren Sie die Galerie per Telefon unter: +393512428135 (täglich von 10-19 Uhr) bzw. über das Kontaktforumlar des MAXXI: archeoares.it/en/customer-care/.

Audioguides & Führungen: Das Museum bietet Audioguides und Gruppenführungen in Englisch an. Sofern Sie an einer Führung teilnehmen möchten, ist eine Reservierung erforderlich. Bitte kontaktieren Sie hierzu das Museum unter: edumaxxi@fondazionemaxxi.it.

Aktuelle Informationen zu den Führungen finden Sie unter: maxxi.art/en. (Klicken Sie anschließend auf die Menüpunkte „visit", dann auf „guided tours" und wählen Sie ihr gewünschtes Ticket).

Erlebnisse in der Umgebung: Ein Besuch im MAXXI lässt sich mit den folgenden Erlebnissen am besten kombinieren:

#16 Via Cola di Rienzo
#40 Galleria Nazionale d'Arte Moderna e Contemporanea (GNAM)

Wie kommt man am besten hin: Das MAXXI ist am besten über die Bushaltestelle „Maxxi" erreichbar. Eine nahegelegene Metrostation gibt es nicht.

Adresse: Via Guido Reni, 4A, 00196 Rom, Italien.

#39 Palazzo Barberini

Wo Geschichte und Kunst in königlicher Pracht verschmelzen

AUF EINEN BLICK

- Ticketreservierung empfohlen
- 2 bis 3 Stunden
- 12 Euro für Erwachsene
- Via delle Quattro Fontane 13

Der Palazzo Barberini ist ein Geheimtipp unter den Museen in Rom und gleichzeitig ein architektonisches Meisterwerk. Er bietet nicht nur eine beeindruckende Sammlung von Kunstwerken, sondern ist auch selbst ein Meisterwerk der Barockarchitektur.

Entstehung und Bedeutung: Der Palazzo Barberini wurde im 17. Jahrhundert von Papst Urban VIII gekauft und umgebaut. Unter seinem zivilen Namen „Matteo Barberini" war er Teil der Barberini-Familie, einer der einflussreichsten Familien im Rom des Barock. Zunächst diente das Gebäude als Wohnsitz der Familie. Heute beherbergt der Palast die Galleria Nazionale d'Arte Antica, eine beeindruckende Sammlung alter Kunst. Das auffälligste Merkmal des Palazzo Barberini ist seine beeindruckende Fassade, die von dem bedeutenden Barockarchitekten Carlo Maderno entworfen wurde – welcher unter anderem auch für die Fassade des Petersdoms bekannt ist. Sie ist ein Meisterwerk der barocken Architektur und zieht Besucher aus aller Welt an.

Das erwartet Sie: Der Palazzo Barberini hat eine atemberaubende Größe von 12.000 km², welche sich auf 187 Zimmer verteilt. Das Museum beherbergt mehr als 5.000 Gemälde, Fresken und Skulpturen (hauptsächlich aus dem 16. und 17. Jahrhundert). Zu den Highlights gehören Werke von bedeutenden

Künstlern wie Caravaggio, El Greco, Bernini oder Borromini. Durch seine verhältnismäßig bescheidenen Besucherzahlen eignet sich es besonders für Kunst- und Architekturinteressierte, die die Massen umgehen möchten.

Highlights TIPP

Finden Sie die Bienen? Bienen waren Teil des Wappens von Pabst Urban VIII, welcher den Palazzo Barberini erbaut hat. Es befinden sich Bienen an unterschiedlichen Orten im Gebäude (Wände, Gemälde, Geländer, etc.).

Die Treppenhäuser: Der Palazzo beherbergt zwei atemberaubende Treppenhäuser, die von renommierten Architekten entworfen wurden. Das ovale Treppenhaus wurde von Francesco Borromini gestaltet, einem Architekten, der an bedeutenden Bauwerken seiner Zeit wie dem Palazzo Pamphili im gleichnamigen Park entworfen hat. Das quadratische Treppenhaus hingegen ist das Werk des Bildhauers und Architekten Gian Lorenzo Bernini, der an anderen herausragenden Projekten wie dem Vier-Ströme-Brunnen auf der Piazza Navona und dem Petersdom beteiligt war.

Der große Saal: Achtung, Sie werden nicht aus dem Staunen rauskommen! Das beeindruckende Fresko „Allegorie der göttlichen Vorsehung" von Pietro da Cortona aus dem 17. Jahrhundert könnte Sie überwältigen. Es befindet sich an der der Decke des großen Saals.

Der Palazzo Barberini ist ein Muss für Kunst- und Architekturliebhaber. Hier haben Sie die einzigartige Gelegenheit, Barockkunst in einem prächtigen historischen Ambiente zu erleben.

So planen Sie Ihren Besuch, damit er zu einem schönen Erlebnis wird

Öffnungszeiten: Das Museum ist dienstags bis sonntags von 10 bis 19 Uhr geöffnet. An Montagen, sowie am 25. Dezember und am 01. Januar ist das Museum geschlossen.

Achtung! Der letzte Einlass ist um 18 Uhr.

Beste Besuchszeiten: Die besten Zeiten für einen Besuch sind am Vormittag oder am Nachmittag. Diese Zeiten bieten weniger Besucher als sonst.

Besuchsdauer: Planen Sie etwa 2 bis 3 Stunden ein, um das Museum in Ruhe zu erkunden.

Tickets: Tickets erhalten Sie direkt im Palazzo Barberini oder Online, aktuell gelten folgende Preise:

- 12 Euro für Erwachsene
- 2 Euro für EU-Bürger zwischen 18-25 Jahren
- Kostenfrei für Kinder und Jugendliche unter 18 Jahren

Online Buchung: barberinicorsini.org/en (Klicken Sie anschließend auf die Menüpunkte „VIST" und folglich „Practical Information")

Audioguides & Führungen: Das Museum bietet Gruppenführungen auf Englisch an. Sofern Sie an eine Führung buchen möchten, kontaktieren Sie hierzu das Museum am besten unter: tour@coopculture.it

Erlebnisse in der Umgebung: Der Palazzo Barberini lässt sich mit den folgenden Erlebnissen am besten kombinieren:

#6 Spanische Treppe
#9 Trevi Brunnen
#17 Via dei Condotti

Wie kommt man am besten hin: Der Palazzo Barberini ist am besten über die Metro-Haltestelle „Barberini“ erreichbar. Alternativ können Sie zur Bushaltestelle „Barberini“ fahren. Von beiden Haltestellen aus erreichen Sie das Museum in 2-3 Gehminuten.

Adresse: Via delle Quattro Fontane, 13, 00184 Rom, Italien.

#40

GNAM

Galleria Nazionale dàrte Moderna e Contemporanea

Moderne Kunst im Herzen Roms entdecken

AUF EINEN BLICK

- Ticketreservierung empfohlen
- 2 bis 3 Stunden
- 11 Euro für Erwachsene
- Viale delle Belle Arti 131

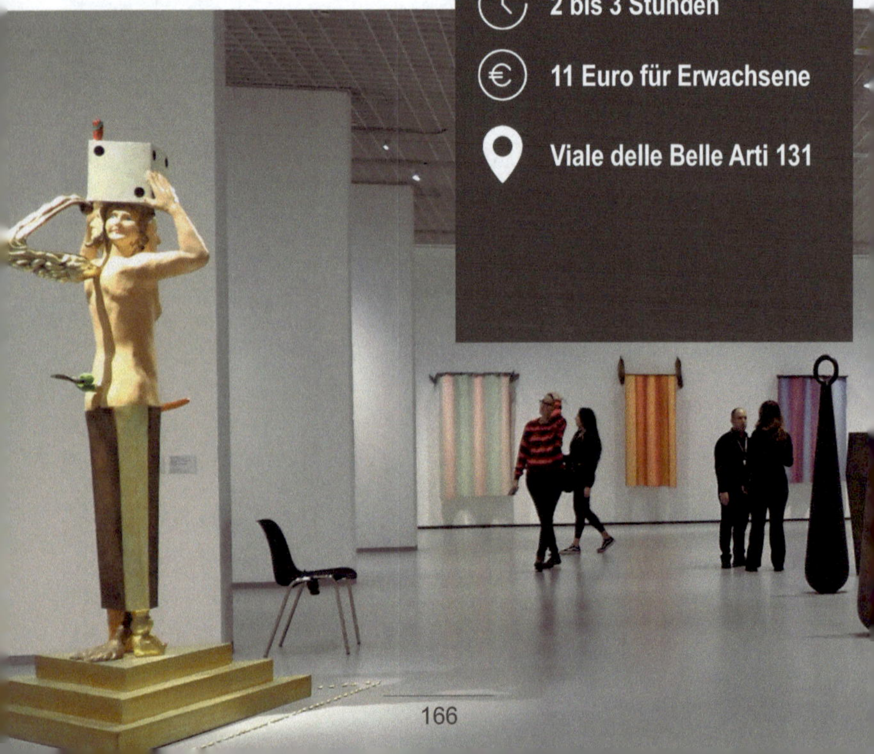

Die Galleria Nazionale d'Arte Moderna e Contemporanea (GNAM) ist ein Ort an der Kunst des 19. bis 21. Jahrhunderts in all ihrer Pracht erstrahlt. Die GNAM ist ein einzigartiges Erlebnis für Kunstliebhaber und Neugierige gleichermaßen. Hier erwartet Sie Moderne Kunst, zeitgenössische Meisterwerke und ein historischer Palast.

Entstehung und Bedeutung: Die Galleria Nazionale d'Arte Moderna e Contemporanea stellt die Entwicklung der Kunst im Laufe der Zeit dar. Das Museum wurde im Jahr 1883 eröffnet. Ursprünglich in einem anderen Gebäude untergebracht, zog die Galerie 1911 in das aktuelle Gebäude, was mit dem 50. Jahrestag der Einigung Italiens zusammenfiel. Die Leitung von Palma Bucarelli von 1941 bis 1975 trug zur Modernisierung des Museums bei, einschließlich eines Cafés, eines Shops und künstlerischer Begegnungen. In den Jahren 1995 bis 1999 und erneut 2004 erfolgten umfangreiche Renovierungen, die dem Museum ein helles, offenes Erscheinungsbild verliehen.

Das erwartet Sie: In den weitläufigen 50 Räumen der GNAM erstreckt sich eine beeindruckende Sammlung moderner und zeitgenössischer Kunst. Die Entwicklung der Kunst im Laufe

der Zeit wird durch verschiedene Stilrichtungen, darunter Neoklassizismus, Impressionismus, Avantgarde, Futurismus und Surrealismus, anschaulich dargestellt.

Highlights TIPP

Weitläufigkeit und Großzügigkeit: Dank der vielfältigen Gestaltung und großzügigen Anordnung der Kunstwerke können Sie einzigartig in die Welt der Kunst eintauchen und sich vollkommen auf die Werke einlassen.

Herakles und Lichas Statue: Diese beeindruckende Statue von Antonio Canova aus dem Jahr 1815 fängt einen eindrucksvollen Moment ein. Mit einer Höhe von drei Metern zeigt sie Herakles, wie er Lichas am Fuß packt, um ihn ins Meer zu werfen. Diese Szene stammt aus Sophokles' Tragödie „Die Trachinierinnen", in der Lichas Herakles einen gut gemeinten Dienst erweist, der jedoch verheerende Konsequenzen für Herakles hat. Solche gut gemeinten mit negativen Konsequenzen werden bis heute als „Lichasdienst" bezeichnet.

„Time is Out of Joint": Die Dauerausstellung der GNAM trägt seit 2016 den Titel „Time is Out of Joint". Diese fokussiert sich darauf den linearen Zeitbegriff herauszufordern. Der Titel und die Ausstellung selbst beziehen sich auf die flexible Auffassung von Zeit, wie sie in William Shakespeares Werk „Hamlet" zum Ausdruck kommt.

So planen Sie Ihren Besuch, damit er zu einem schönen Erlebnis wird

Öffnungszeiten: Das Museum ist dienstags bis sonntags von 9 bis 19 Uhr geöffnet. An Montagen ist das Museum geschlossen.

Achtung! Der der letzte Einlass ist um 18:15 Uhr.

Beste Besuchszeiten: Die besten Zeiten für einen Besuch sind normalerweise am Vormittag und am Nachmittag. Diese Zeiten bieten weniger Besucher als sonst.

Besuchsdauer: Planen Sie etwa 2 bis 3 Stunden ein, um das Museum in Ruhe zu erkunden.

Tickets: Tickets erhalten Sie direkt im GNAM bzw. Online, aktuell gelten folgende Preise:

- 11 Euro für Erwachsene
- 3 Euro für EU-Bürger zwischen 18-25 Jahren
- Kostenfrei für Kinder und Jugendliche unter 14 Jahren

Den Online Ticket-Verkauf finden Sie hier: lagallerianazionale.com/. Klicken Sie anschließend auf die Menüpunkte „Visit", dann „Tickets" und schließlich auf „Buy or book your tickets".

Führungen: Das Museum bietet Gruppenführungen in Englisch an. Sofern Sie teilnehmen möchten, ist eine Reservierung erforderlich, bitte kontaktieren Sie hierzu das Museum mindestens 7 Tage vor Ihrem Besuch unter: prenotalagalleria@sistemamuseo.it

Erlebnisse in der Umgebung: Das GNAM lässt sich mit dem Erlebnis #37 Galleria Borghese besonders gut kombinieren.

Wie kommt man am besten hin: Das GNAM ist am besten über die Bushaltestelle und Tramhaltestelle „Galleria Arte Moderna" erreichbar. Alternativ können Sie von der Metro Haltestelle „Spagna" in etwa 20 Minuten zu Fuß laufen.

Adresse: Viale delle Belle Arti, 131, 00197 Rom, Italien.

FEEDBACK

Liebe Leserinnen und Leser,

wir hoffen, Sie hatten Freude am Lesen von „Ciao Rom!“ und dass Sie viele wertvolle Informationen über diese faszinierende Stadt gefunden haben. Unser Ziel war es, Ihnen Inspiration und neue Ideen für Ihre Reise nach Rom zu bieten, und wir hoffen, dass wir dieses Ziel erreicht haben.

Uns ist bewusst, dass die Welt des Reisens ständig im Wandel ist, und wir sind stets bemüht, unseren Reiseführer zu erweitern und auf dem neuesten Stand zu halten. Dennoch wissen wir, dass es immer Raum für Verbesserungen gibt. Ihr Feedback, Ihre Anregungen und Ihre Verbesserungsvorschläge sind uns daher äußerst wichtig. Wir möchten sicherstellen, dass unser Reiseführer kontinuierlich verbessert wird, um Ihre Bedürfnisse und Erwartungen bestmöglich zu erfüllen.

Bitte zögern Sie nicht, uns Ihre Gedanken und Ideen mitzuteilen. Sie können uns unter der folgenden E-Mail-Adresse erreichen. Wir lesen jede Kontaktanfrage und sind bemüht, zeitnah darauf zu antworten.

urbanventure.publishing@gmail.com

Abschließend wünschen wir Ihnen eine wundervolle Zeit in Rom, voller unvergesslicher Erlebnisse, kulinarischem Genuss, Entspannung und neuen Eindrücken!

Mit herzlichen Grüßen,

Ihr UrbanVenture Publishing Team

IMPRESSUM

Impressum

UrbanVenture Publishing UG (haftungsbeschränkt)
Destouchesstraße 59
80803 München
Deutschland

Handelsregisternummer: HRB 288056

urbanventure.publishing@gmail.com

Buchsatz, Kartografie und Icons: UrbanVenture Publishing, München
Umschlagsgestaltung: Marie Becker, Borken

ISBN: 978-3-00-077637-3

Bildnachweis

Shutterstock.com: kavalenkava (S.2/3, 30, 170/171), Milkovasa (S.7), maradon 333 (S.8/9, 67), Catarina Belova (S.10/11, 31,32,133), Pixel-Shot (S.14/15), raw-pixel.com (S.17), Sergii Figurnyi (S.28, 54/55), NEKOMURA (S.29), Kristi Blokhin (S.33), Jakub Barzycki (S.37), Christopher Moswitzer (S.39, 105), Donaldb (S.41), Nicola Forenza (S.42/43), Lolly66 (S.47), Gabriele Maltinti (S.50/51), Anton_Ivanov (S.57), George Cleminte (S.59), Sean Pavone (S.60/61), Gerald H (S.64/65), Barbara185 (S.67), photoshooter2015 (S.71), TTstudio (S. 72/73), f11photo (S. 76/77), Omri Eliyahu (S.81), WineDonuts (S.83), Elena Salminen (S.87,118/119), rarrarorro (S.89), penofoto (S.91), Demkat (S.93), victor cuenca lopez (S.95), K - Photo (S.97), essevu (S.99), Mironov Vladimir (S.100/101), Mazur Travel (S.103), Massimo Salesi (S.106/107), Sunset Sky Studio (S.109), barmalini (S.113), chettarin (S.117), Sabino Parente (S.121), Johana Mlichova (S.123), Aleksandrova Olga (S.125), stockcreations (S.127), Mr. and mrs. Black (S.129), Euripides (S.131), Pietruszka (S.135), Yang Zhen Siang (S.137), sandrixroma (S.140/141), Gimas (S.143), tozzi.marta (S.144/145), Ravenash (S.147), Ackab Photography (S.148/149), Andrea Cimini (S.151), wjarek (S.154/155), silverfox999 (S.157), nexus 7 (S.158/159), Nattakit Jeerapatmaitree (S.161), Isogood_patrick (S.162/163), Nick_Nick (S.165), Claudio Divizia (S.166/167), Zhunzhun Guo (S.169)

midjourney.com: (S.111)

Meine Notizen

Printed in Poland
by Amazon Fulfillment
Poland Sp. z o.o., Wrocław

49628672R00095